青少年受益一生的励志书系

青少年受益一生的
名人沟通艺术

◎总 主 编：汤吉夫
◎本书主编：秦德龙

九州出版社 JIUZHOUPRESS | 全国百佳图书出版单位

图书在版编目(CIP)数据

青少年受益一生的名人沟通艺术/秦德龙主编. -北京：九州出版社，2008.6(2024.4 重印)
(青少年受益一生的励志书系/汤吉夫主编)
ISBN 978-7-80195-885-3

Ⅰ. 青…　Ⅱ. 秦…　Ⅲ. 人间交往—青少年读物
Ⅳ. C912. 1-49

中国版本图书馆 CIP 数据核字(2008) 第 085045 号

青少年受益一生的名人沟通艺术

作　　者　汤吉夫　总主编　秦德龙　本册主编
出版发行　九州出版社
地　　址　北京市西城区阜外大街甲 35 号(100037)
发行电话　(010)68992190/2/3/5/6
网　　址　www.jiuzhoupress.com
电子信箱　jiuzhou@jiuzhoupress.com
印　　刷　三河市恒升印装有限公司
开　　本　710 毫米 × 1000 毫米　16 开
印　　张　10
字　　数　150 千字
版　　次　2008 年 6 月第 1 版
印　　次　2024 年 4 月第 9 次印刷
书　　号　ISBN 978-7-80195-885-3
定　　价　49.80 元

吃饭与读书（序）

人活着都是要吃饭的，不吃饭没法活，这是硬道理，傻子都懂的硬道理。但是，人活着，跟猪狗鸡鸭毕竟不同，光有饭吃还不行。这个世界几十亿人，大概没有多少光喂饭就能满足的，饿的时候都说，给口吃的就行，一旦吃上了这口，别的需求也就来了。要恋爱、结婚，跟人交往、沟通，要交朋友、挣钱、唱歌，一句话：要学习，得有精神生活。即便理想不高，就当个旧时代的农夫，也得有人教你怎样种地，如何喂牛套车，稍微有点精气神，就会想到出门赶集看戏，有的人还自己学着唱上两口。

精神生活，离不开书。

我们这个国家多灾多难，曾经有很长一段时间，老百姓每天除了吃，不想别的，因为多数时候，吃不饱。那年月，孩子进学校读书，除了课本，家长没钱，也不认为有需要给孩子买点课外的书，甚至孩子看课外书，还会遭到责骂。在家长看来，那些东西没用，上个学，识几个字，会算个账也就行了。在那个时代，众多平民百姓养孩子，跟养猪喂鸡没有多少区别。

后来的中国人，开始有点闲钱了，一对夫妻一个孩儿，宝贝多了，除了把孩子喂得营养过剩之外，也操心孩子的教育。即便如此，过去的思想境界依然左右着他们，家长们宁肯花大价钱，逼着孩子满世界进补习班，学钢琴，学奥数，学英语，学画画，学书法，学围棋，学一切听说可以提高素质的玩意儿，但就是没时间让孩子老老实实坐下来看本书。跟过去一样，众多的家长认为，课外书没用，耽误孩子学习。

就这样，在课本强化和补习班也强化的双重压力下长起来的一代又一代独生子女，有一半还没进大学，先折了，什么也考不上，除了打游戏，什

么兴趣都没有；另一半考上的，进了大学不少人也开始放羊，加上大学这些年质量也在下降，因此，即便太太平平毕了业，进入社会，感觉身无长技、无所适从者至少要占一半以上。

这是一个没有人看书的时代。据有关部门统计，我们国家每年的出版物，教材要占到60%以上，剩下不足40%的出版物。还要扣除10%左右的教辅读物，也就是说，中国的书，绝大多数都是强迫阅读的，真正属于读者出于自己需求而主动阅读的书，不到整个出版量的20%，跟发达国家相比，正好倒过来。

现在国人最喜欢说的一个词，就是“素质”，但恰恰国人的素质，不敢恭维，一代代越来越不喜欢读书的后辈，素质更是每况愈下。

课本，给不了人素质，课外补习，也给不了人素质，素质的养成，要靠书，课外书。人生在世，不是活在真空里，什么事儿都可能碰上，要学会跟人打交道，更要学会跟自己打交道。如何待人处事，如何交友待客，如何跟人沟通、开展讨论，如何说服别人；进而如何开阔心胸、拓展视野、修炼心性、磨炼意志、增强自信，尤其是如何面对挫折和困境，保持自己良好的心态；再进一步，如何看待友谊，看待背叛，如何面对恋情，如何面对失败，如何面对财富，以及失去的财富，这一切的一切，都需要学，但是课本教不了你。课本里，有知识，有技能，但唯独难以陶冶你的性情，锻造你的心性。素质是一种软实力，一种可以凭借知识和技能无限放大的能量；如果一个人只有专业知识和技能，而缺乏相应的软实力，就像一台电脑，尽管性能良好，但缺乏必要的软件，也一样等于废物。

本人从教30多年，教过的学生不计其数，但从来没有见过哪怕一个不爱读书的学生日后有出息的。人的所有，差不多都是学来的，家庭可以教你，社会也可以教你，但一个有出息的人从中获益最多的，还是书本。从这个意义上说，学会了读书，就有了一切。吃饭是为了活着，但活着不能为了吃饭。一个人想要活得好，活得有滋有味，那么，就得把书当粮食来看。孔子闻韶乐，三月不知肉味，对于一个读书人来说，书就是韶乐，只有肉，没有书，肉也不香。不能说这样的人都有出息，但至少，这样的人才可能有点出息。

现在，许多家长都希望把自己的孩子培养成贵族。当然，我想这些家长们，不是想让自己的孩子住进欧洲的城堡，天天穿着燕尾服，只是希望孩子能有贵族的气质和教养。欧洲太远了，中国自宋代以后就没了贵族，但自古就有书香门第。一个家族，只要几代都有读书人，家藏有几柜子的书，就是读书人家，缙绅人家，这样的人家，教养、品位、知书达礼，所有的一切，不是血统的遗传，而是从世代的书香里来的。

读书要读好书，读能跟那些绝代的成功者、大师们对话的书。世界上存在过那么多杰出人士，他们的成功为世人仰慕，各有各的理由，个中道理，在他们的文章中有，但要靠仔细读了之后自己悟。没有机会追随大师的左右，经大师亲授，但只要读他们的文字，也可以升堂入室。众多的成功者、大师汇聚起来，变成一本不厚的书，摆在我们的眼前，《“读·品·悟”青少年受益一生的励志书系》就是这样的一套好书。古人云：开卷有益。

张　鸣

6月6日 于北京

张鸣　1957年生，浙江上虞人，中国人民大学政治学系教授、博士生导师。有《武夫当权——军阀集团的游戏规则》、《乡土心路八十年——中国近代化过程中农民意识的变迁》、《再说戊戌变法》、《乡村社会权力和文化结构的变迁（1903-1953）》、《近代史上的鸡零狗碎》、《大历史的边角料》多部学术著作出版；另有《直截了当的独白》、《关于两脚羊的故事》、《历史的坏脾气》、《历史的底稿》、《历史空白处》等历史文化随笔陆续问世，引起巨大反响，其中《历史的坏脾气》荣登近几年畅销书排行榜。

第一辑　聆听的价值

有这样一个笑话，一个女主人决定测试一下客人是否真的在倾听，她一面请客人吃点心，一面说："你们一定要尝尝，我加了点儿砒霜。"所有客人竟毫不犹豫地吃了下去，有人还说："真好吃，你一定要把做法告诉我。"

有一个伟人说过："除非下一个轮到他说话，不然没有人会仔细听你的话。"在字典里，"倾听"的"倾"字不是表示身体前倾地听，而是指倾尽全力地听，但我们有多少时候能倾尽全力地听别人说话呢？

002　让我们倾听 / 毕淑敏

006　聆听的价值 / [美]约翰·C.马克斯韦尔

009　善于倾听 / [美]丹·肯尼迪

012　给对方创造说话的机会 / [美]戴尔·卡耐基

017　倾听 / [美]卡尔·罗杰斯

018　学会夸人和善于倾听 / [日]青木仁志

020　演讲，从完善倾听艺术开始 / [美]S.卢卡斯

022　为什么我们在倾听上存在问题 / [美]桑德拉·黑贝尔斯　理查德·威沃尔

025　听话的艺术 / 杨绛

028　听话长知识 / [美]约翰·马克斯·坦普尔顿

030　善于倾听 / [美]戴尔·卡耐基

032　聆听 / [美]理查德·卡尔森

第二辑　谈话的艺术

通过交谈可以弥补自身的缺陷与不足，可以填充人与人之间的情感鸿沟。曼特农夫人有这样一则有趣的逸事：有一

次晚餐的时候，侍者走到她的身旁说："请再讲一则趣闻吧，因为今天的烤肉已经没有了。"可见，优美的语言甚至能够抵挡饥肠辘辘的折磨。

当代人讲究说话技巧，更懂得在什么时候说什么话，对什么人说什么话和如何把话说得婉转让想要办的事情顺利完成。然而，能够灵活应用说话的技巧是一种智慧，更是一门艺术，不是每个人生来就能做得好的。

038 精纯的谈话 / [美]弗罗姆

040 谈话 / [美]爱默生

044 说话技巧 / [美]吴玲瑶

046 话说七分满 / (台湾)吴若权

049 论说话的多少 / 朱自清

052 言谈中的分寸 / [英]弗兰西斯·培根

054 你为什么不说话 / 凌志军

057 谈话的艺术 / 梁实秋

060 使说出的话达到更好的效果 / [古波斯]昂苏尔·玛阿里

062 说话 / 王力

第三辑 理解万岁

一位父亲说，儿子上了初中以后，和他越来越没有话说了，父子之间仿佛"隔着一堵墙"。由于年龄的差异，父母不理解孩子是很正常的事，就像孩子无法理解父亲为什么那么关心股票和政治，母亲为什么总为她的肥胖唉声叹气一样。

理解要求我们与父母双方能够设身处地地为对方着想。当我们能够与父母良好地沟通时，我们就能够更好地理解父母。当父母能够理解我们关注的东西和思维方式时，才能进入我们的内心世界。在爱的世界里，最重要的不是对与错，而是互相理解。

066 约会 / [美]约翰·哥特曼　乔恩·德克莱尔
069 站在父母和孩子之间的栅栏 / [美]艾米丽·雷格
074 理解万岁 / [德]卡尔·威特
077 给我的孩子们 / 丰子恺
080 给儿子的信 / [俄]赫尔岑
082 伤害,更多地来自误解 / [比利时]莫里斯·梅特林克
085 傅雷家书(节选) / 傅雷
087 父与子的难题 / 周国平

第四辑　沟通创造财富

我们生活在同一个世界中,彼此依赖,没有人可以脱离他人独自生存,只有相互了解、相互信任,才能紧密合作,将我们的能量最大化,共同建设更美好的生活。从这个角度来说,沟通是人类最聪明的行为,是人类智慧的表现。

从沟通中我们所获得的既有外在的物质收获,更有内在的精神力量,这种力量在每一个人的人生路上都将成为无形而恒久的支撑。

092 沟通创造财富 / (台湾)林伟贤
094 处理人际关系的艺术 / [英]诺斯古德·帕金森
098 如何赢得上司的喜爱 / 高定基　余世维
102 保全下属的面子 / [美]杰克·韦尔奇
104 沟通使人成为万物之灵 / (台湾)黑幼龙
107 软硬兼施 / [韩]李钟柱
110 让对方一直说“是” / [美]戴尔·卡耐基

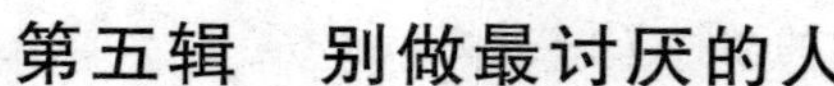

第五辑　别做最讨厌的人

相信每一个人都不希望别人讨厌自己，但在生活中我们一些自以为善意的举动，却常常让身边的朋友远离。那些感叹自己心地好却缺少朋友的人，常常不注意对方的感受，不自觉地流露出优越感，常以自我为中心。

怎样才能让别人喜欢你，怎样沟通才能没有烦恼呢？这就需要你学会并能做到关注他人、理解他人、欣赏他人和赞美他人。

114　欣赏他人、赞美他人，沟通就没烦恼 / （台湾）戴晨志

117　别做最讨厌的人 / [美]陶乐丝·卡耐基

123　人际关系 / [美]斯科特·亚当斯

128　恰当距离 / 于丹

130　强势沟通是一种攻击 / （台湾）吴淡如

132　是、不是和我不知道 / [英]比尔·麦克法兰

136　慎重给人提建议 / [美]厄尼·J.泽林斯基

138　怎样让别人喜欢你 / [美]奥里森·马登

142　多余的最后一句话 / 刘仪伟

144　克服妒忌 / 叶辛

146　谈合作 / 梁漱溟

148　言谈不可有不良动机 / [古罗马]爱比克泰德

第一辑 聆听的价值

有这样一个笑话，一个女主人决定测试一下客人是否真的在倾听，她一面请客人吃点心，一面说："你们一定要尝尝，我加了点儿砒霜。"所有客人竟毫不犹豫地吃了下去，有人还说："真好吃，你一定要把做法告诉我。"

有一个伟人说过："除非下一个轮到他说话，不然没有人会仔细听你的话。"在字典里，"倾听"的"倾"字不是表示身体前倾地听，而是指倾尽全力地听，但我们有多少时候能倾尽全力地听别人说话呢？

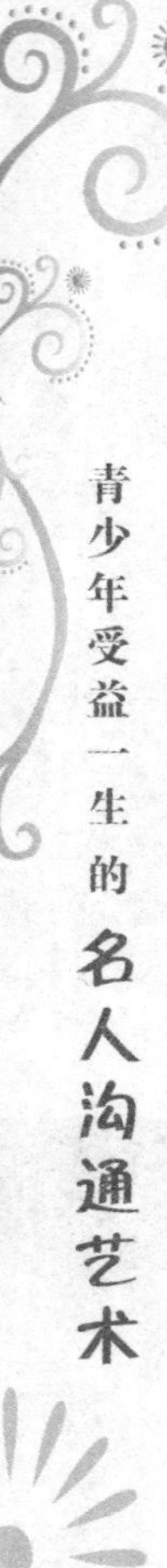

让我们倾听

□ 毕淑敏

毕淑敏 女，1952 年生于新疆，祖籍山东。当代著名作家。曾在西藏当兵 11 年。从事医学工作 20 年后，开始专业创作。主要作品有长篇小说《红处方》、《血玲珑》、《拯救乳房》、《女心理师》等。曾获《小说月报》第 4、5、6 届百花奖及当代文学奖、昆仑文学奖、台湾第 16 届中国时报文学奖等各种文学奖项 30 余次。

我读心理学博士方向课程的时候，书写作业，其中有一篇是研究“倾听”。刚开始我想，这还不容易啊，人有两耳，只要不是先天失聪，落草就能听见动静。夜半时分，人睡着了，眼睛闭着，耳轮没有开关，一有月落乌啼，人就猛然惊醒，想不倾听都做不到。再者，我做内科医生多年，每天都要无数次地听病人倾诉满腔苦水，鼓膜都起茧子了。所以，倾听对我应不是问题。

查了资料，认真思考，才知差距多多。在“倾听”这门功课上，许多人不及格。如果谈话的人没有我们的学识高，我们就会虚与委蛇地听；如果谈话的人冗长繁琐，我们就会不客气地打断叙述；如果谈话的人言不及义，我们会明显地露出厌倦的神色；如果谈话的人缺少真知灼见，我们会讽刺挖苦，令他难堪……凡此种种，我都无数次地表演过，至今一想起来，无地自容。

世上的人，天然就掌握了倾听艺术的人，可说凤毛麟角。

不信，咱们来做一个试验。

你找一个好朋友，对他或她说，我现在同你讲我的心里话，你却不要认真听。你可以东张西望，你可以搔首弄姿，你也可以听音乐梳头发干一切你忽然想到的小事，你也可以环顾左右而言他……总之，你什么都可以做，就是不必听我说。

当你的朋友决定配合你以后，这个游戏就可以开始了。你必须捡一件撕心裂肺的痛事来说，越动感情越好，切不可潦草敷衍。

好了，你说吧……

我猜你说不了多长时间，最多3分钟，就会鸣金收兵。无论如何你也说不下去了。面对着一个对你的疾苦你的忧愁无动于衷的家伙，你再无兴趣敞开襟怀。不但你缄口了，而且你感到沮丧和愤怒。你觉得这个朋友愧对你的信任，太不够朋友。你决定以后和他渐疏渐远，你甚至怀疑认识这个人是不是一个错误……

你会说，不认真听别人讲话，会有这样严重的后果吗？我可以很负责地告诉你，正是如此。有很多我们丧失的机遇，有若干阴差阳错的讯息，有不少失之交臂的朋友，甚至各奔东西的恋人，那绝缘的起因，都系我们不曾学会倾听。

好了，这个令人不愉快的游戏我们就做到这里。下面，我们来做一个令人愉快的活动。

还是你和你的朋友。这一次，是你的朋友向你诉说刻骨铭心的往事。请你身体前倾，请你目光和煦。你屏息关注着他的眼神，你随着他的情感冲浪而起伏。如果他高兴，你也报以会心的微笑；如果他悲哀，你便陪伴着垂下眼帘；如果他落泪了，你温柔地递上纸巾；如果他久久地沉默，你也和他缄口走过……

非常简单。当他说完了，游戏就结束了。你可以问问他，在你这样倾听他的过程中，他感到了什么？

我猜，你的朋友会告诉你，你给了他尊重，给了他关爱；给他的孤独以抚慰，给他的无望以曙光；给他的快乐加倍，给他的哀伤减半；你是他最好的朋友之一，他会记得和你一道度过的难忘时光。

这就是倾听的魔力。

倾听的"倾"字,我原以为就是表示身体向前斜着,用肢体语言表示关爱与注重。翻查字典,其实不然。或者说仅仅作这样的理解是不够全面的。倾听,就是"用尽力量去听"。这里的"倾"字,类乎倾巢出动,类乎倾箱倒箧,类乎倾国倾城,类乎倾盆大雨……总之,殚精竭虑毫无保留。

可能有点儿夸张和矫枉过正,但倾听的重要性我以为必须提到相当的高度来认识,这是一个人心理是否健康的重要标志之一。人活在世上,说和听是两件要务。说,主要是表达自己的思想情感和意识,每一个说话的人都希望别人能够听到自己的声音。听,就是接收他人描述内心想法,以达到沟通和交流的目的。听和说像是鲲鹏的两只翅膀,必须协调展开,才能直上九万里。

现代生活飞速地发展,人的一辈子,再不是蜷缩在一个小村或小镇,而是纵横驰骋,漂洋过海。所接触的人,不再是几十上百,很可能成千上万。要在相对短暂的时间内,让别人听懂了你的话,让你听懂了别人的话,并且在两颗头脑之间产生碰撞,这就变成了心灵的艺术。

现今鼓励青年励志的书很多,教你怎样展现自我优点,怎样在第一时间给人一个好印象,怎样通过匪夷所思的面试,怎样追逐一见钟情的异性……都有不少绝招。有人就觉得人际交往是一个充满了技术的领域,可以靠掌握若干独门功夫就能翻云覆雨的领域。其实,享有好的人际关系,学会交流,听比说更重要。

从人的发展顺序来看,我们是先学着听。我之所以用了"学着"这个词,是指如果没有系统的学习,有的人可能终其一生,都没能学会如何"听"。他可以听到雪落的声音,可他感觉不到肃穆;他可以听到儿童的笑声,可他感受不到纯真;他可以听到旁人的哭泣,却体察不到他人的悲苦;他可以听到内心的呼唤,却不知怎样关爱灵魂。

从婴儿开始,我们就无意识地在听。听亲人的呼唤,听自然界的风雨,听远方的信息,听社会的约定俗成。这是一种模糊的天赋,是可以发扬光大也可以湮灭无闻的本能。有人练出了发达的听力,有人干脆闭目塞听。有很多描绘这种状态的词语,比如"充耳不闻""置若罔闻"……对"闻"还有歧视性的偏见,比如"百闻不如一见"。

在生活交往中，更经常的是由于我们的缺点而不是由于我们的优点会讨人喜欢。

——[法]拉罗什富科

听是需要学习的。它比“说”更重要。如果我们没有听到有关的信息，我们的“说”就是无的放矢。轻率的人，容易下车伊始就哇哩哇啦地说，其实沉着安静地听，是人生的大境界。

只有认真地听，你才能对周围有更确切的感知，才能对历史有更深刻的把握，才能把他人的智慧集于己身，才能拓展自己的眼界和胸怀。

读书是一种更广义的倾听。你借助文字，倾听已逝哲人的教诲。你借助翻译，得知远方异族的灵慧。

倾听使人生丰富多彩，你将不再囿于一己的狭隘贝壳，潜入浩瀚的深海；倾听使人谦虚，知道山外有山天外有天；倾听使人安宁，你知道了孤独和苦难并非只莅临你的屋檐；倾听使人警醒，你知道此时此刻有多少大脑飞速运转，有多少巧手翻飞不息。

倾听着是美丽的。你因此发现世界是如此五彩缤纷。倾听是幸福的一种表达，因为你从此不再孤单。

倾听是分层次的。某人在特定的时刻，讲了特定的话。只有当我们心静如水，才能听到他的话后之话。年轻人最易犯的毛病是——他明白所有倾听的要素，也懂得做出倾听的姿态，其实呢，他在想着自己待会儿要说的话。他关注的不是述说者，而是自己。“佯听”是很容易露馅的，只要他一开口讲话，神游天外的破绽就败露了。两个面对面述说的人，其实是最危险的敌人。一切都被心灵记录在案。

倾听是老老实实的活儿，来不得半点虚假和做作。倾听是对真诚直截了当的考验。所以，如果你不想倾听，那不是罪过。如果你伪装倾听，就不单是虚伪，而且是愚蠢了。

当我深刻地明白了倾听的本质而不是仅仅把它当成讨好的策略后，倾听就向我展示了它更加美丽的内涵，它无处不在，息息相关。如果你谦虚，以万物为师长，你会听到松涛海啸雪落冰融，你会听到蚂蚁的微笑和枫叶的叹息；如果你平等待人，你的耐心就有了坚实的基础，你可以从述说者那里获得宝贵的馈赠。这就是温暖的信任和支撑。

年轻的朋友们，让我们学会倾听吧。当你能够沉静地坐下来，目光清澄地注视着对方，抛弃自己的傲慢和虚荣，微微前倾你的身姿，那么你就能听到心与心碰撞的清脆音响，宛若风铃。

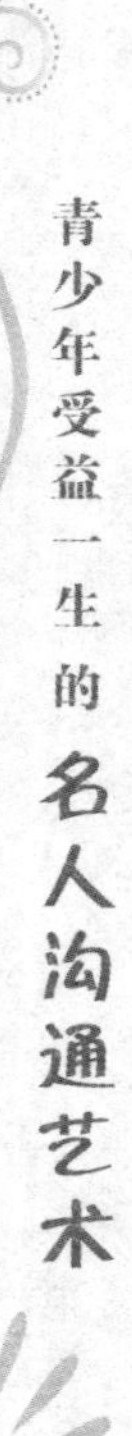

聆听的价值

□ [美] 约翰·C.马克斯韦尔

约翰·C.马克斯韦尔 美国著名的领导学专家。《团队就是竞争力》使其成为《纽约时报》最佳畅销书作者，其畅销书《领导力21法则》使成千上万人获得启示和灵感。他所创办的音乐集团(IN JOY GROUP)专门致力于协助人们发挥个人最大的潜能及领导能力的培训。

艾德加·华森·豪威曾经开过一个玩笑："除非知道接下来轮到他说话，否则没有人会听你说话。"他这句话不幸言中了多数人的人际沟通方式——他们太急着要发言，以至于没有真正地聆听。然而，富有影响力的人知道聆听的价值。举例来说：林敦·约翰逊担任德州下议院议员时，他在办公室的墙壁上挂了一张牌子，上面写着：当你自己说个不停的时候，你学不到任何事情。第28任美国总统威尔逊也说过："领袖的耳朵必须与人民的呼声同步工作。"

有技巧地聆听的能力，是取得影响力的要素之一。请看以下几个聆听的好处：

1.聆听表示你对人的尊重

心理学家裘伊斯·布拉德斯博士说过："聆听，不是单纯的复述，而是最诚挚的奉承。"每当你不专心聆听别人说话，你就传送给对方一个信息：

你不看重他们。然而，当你聆听其他人说话的时候，你就让对方感受到你对他们的尊重。更进一步的是，你借此向他们表达自己的关切。德裔哲学家保罗·蒂利希说过："爱的首要责任是聆听。"

人们常犯的沟通错误是：竭尽所能使别人对自己印象深刻。他们想要表现得很聪明、很有智慧，或者很幽默的样子。然而，如果你想与其他人建立良好的关系，你必须专注于他们要说的话：要对人印象深刻、要对人有兴趣，而不是打动他人，使别人觉得你有趣。诗人哲学家爱默生也认同这一点，他说："我所遇见的每个人，在某方面都是我的老师，我可以向他们学习。"要牢记：当你聆听时，沟通的线路会打开的。

2.聆听能建立相互之间的关系

《人性的弱点》一书的作者卡耐基建议："只要成为好的聆听者，你在两周内交到的朋友，会比你花两年工夫去赢得别人注意所交到的朋友还要多。"卡耐基在人际沟通的理解上有极大的天分。他认为，人如果常常专注在自己身上，以及老是谈论自己和自己关心的事情，他很难与其他人建立牢固的友谊。大卫·舒瓦兹在《大思想的神奇》一书中提到："大人物独揽聆听，小人物垄断讲话。"

成为优秀的聆听者使你能够在更广的层面上与人交往，并且培养更牢固、更深刻的友谊，这全因为你满足对方的需要。作家尼尔·史睿特指出："每个人都需要觉得身边有个人愿意聆听自己。"当你成为那位重要的聆听者时，你就帮助了他，而你也向"成为他生命中有影响力的人"踏出了重要的一步。

3.聆听增加知识

威尔森·密兹尼说："好的聆听者不仅到处受欢迎，且能在短时间内通晓许多事情。"当你决定真正聆听他人时，你会惊讶地发现自己更深入地了解了朋友、家人、工作、所属单位以及自己。然而，这并不是每个人可以得到的益处。这里有一个网球专家教新手打球的故事。专家看着新手挥舞球拍打球之后，要那个新手暂停，建议他尝试一些能够增进挥击的技巧。但是，每回他一开口，那个学生就打断他的话，告诉他自己对问题的看法及解决之道。几次中断之后，那位网球专家就开始点头附和对方的意见。

课程结束时，一位在旁边观看的妇女问那位专家："你为什么老是附

和那个自以为是的傲慢家伙？”

那位专家微笑着回答：“我老早就学到一门功课，就是出售真正答案给一个只想买随声附和的人，不过是浪费时间罢了。”

当你自以为什么都知道时，要当心。无论任何时候你这样做，你就把自己置于危险之地。自以为是“专家”而又想继续成长与学习，是近乎不可能的事。所有伟大的学习者，都是伟大的聆听者。

当人们拥有较多权威时，其共同毛病，就是越来越少聆听，特别是越来越少聆听那些向他们汇报的人。你爬得愈高，你越来越不一定需要聆听别人说话，而在此时则是你需要拥有更优秀的聆听技巧的时候。你离第一线越远，你就愈需要其他人向你提供可靠的消息。唯有在一开始的时候就培养优良的聆听技巧，然后不断使用这些技巧，你才能够更多地收集获得成功的所有资讯。

当你越来越成功时，不要忽略你自己需要继续成长，并且需要改进自己。要记得，耳聋是思想封闭的迹象。

4.聆听会产生好主意

创新的构想帮助我们找到新方法来解决旧问题，制造新产品，建立让整个组织继续成长的新计划，这会帮助个人继续成长及改进自己。古希腊哲学家普鲁塔克主张：“深谙聆听之道的人可从谈话拙劣的人身上学到功课。”

一想到创意接连不断的公司，人们就会立即想到 3M 这个公司，他们似乎总是抢得时机，比所有的厂商更快地研发出新产品。这个公司有特别的美誉，就是愿意接受员工的构想并且愿意聆听员工的需要。事实上，该公司一名员工说，他们产品构想的头号来源正是顾客的抱怨和投诉。

优良企业拥有愿意聆听员工的信誉。《餐馆和机构杂志》评定 Chili 餐馆是全国最佳餐饮服务连锁店，而 Chili 餐馆也有与 3M 类似的信誉。这家餐馆约 80%的菜单是由分店经理所建议。

凡是对公司效率有好处的做法，对个人也有好处。当你聆听他人时，永远不会缺少构想。人们喜欢贡献自己的长处，特别是当领袖愿意信任他们。如果你给人们机会分享他们的想法，并且以开放的心胸聆听他们，你会听到涌流不绝的新构思。即使你听到的主意行不通，光是聆听他们也可以激发你和其他人创作的灵感。除非你愿意聆听，否则你永远不晓得自己离100万元的构思有多么近。

善于倾听

□[美]丹·肯尼迪

丹·肯尼迪　美国畅销书作家、知名营销顾问、电视营销节目制作人，享誉国际的成功学专业讲师，被誉为“百万富翁缔造者”、“真正拥有商业心灵的企业人”。每年慕名参加其讲座的听众超过20万人。曾与美国前总统布什、美国前国务卿鲍威尔等知名人士同台演说。其著作以尖锐辛辣著称。

对于销售，我有一个超强的秘密武器，那就是：倾听，认真地倾听。

说起来容易，做起来难。事实上，在生意场上，很多人不善于倾听。这个问题已被列为最严重的问题之一。我就无法忍受跟那些缺乏倾听能力的人一起工作，因为即使我把事情说得很清楚、很详细，但是他们还是只记住了其中的一部分内容。所以，一些大公司投入了大量的资金用于提高员工倾听技能的培训。

生意场中的第二大严重问题是有些人即使知道怎么听，但是他们经常不听。不听的原因有很多，让我们来看看大多数人不听的原因。

人们为什么不倾听

他们的大脑已被其他的想法占据。

如果你可以看到别人脑子里在想什么，就像看电视一样，那你一定会很震惊，因为你会发现你所说的事情确实会出现在屏幕上，但是还有其他不相关的事情，这些占据了屏幕的很多空间。

当我在和一个人说话的时候，我知道他脑子里还在想另一件事情，他们的思绪离开了我和我的话，然后又回到我这里，然后再离开，再回来。心理学家说正常的人每四到八分钟会做一次幻想。我知道每一位听众都会有一段时间不知道我在说什么，但是，作为一名销售员，你需要他们把注意力都集中在你这里。

销售人员必须排除杂念，将精力全部集中在眼前的事物或客户身上。

他们累了。

说到这一点，我自己也很惭愧。经过几天的旅行、演讲和洽谈，我真的有点儿累了，这使我不能很好地倾听别人说话。

如果认为在销售或谈判时要一鼓作气，不需要任何的休息和放松，那你就大错特错了。如果一个销售员经常熬夜、将重要的会议都安排在了一起，或者制订了一个很累的旅行计划，那么这其实意味着一开始他就陷入了困境。我个人认为，不论是旅游，还是销售，都需要旺盛的精力。避免疲劳——包括注意饮食，我尽量吃最健康的，时常检查身体，并且常常补充一些营养，这些都是我的生活技巧。我相信这样可以让我在销售时充满活力。

他们太匆忙了。

通过速度快来增加利润，是一个很简单但又很危险的办法。比如，有些销售人员一直在马不停蹄地跑销售，他们被手机、传呼机、电子邮件控制着，他们想以最快的速度跑完这段工作马拉松。但是有一点要注意的是要让速度成为你的优势，而不是劣势。如果由于过分追求速度，导致在事情发展的过程中逐渐产生压力，那么你应该意识到，应该让自己的步伐慢下来，像我这样，有条不紊地处理身边的每一件事情。在速度过快的情况下，不可能进行有效的倾听，这个时候你应该让速度慢下来，转为放松的销售节奏。换句话说就是“让买卖来找你”。

他们无法集中精力。

现在有很多成人也无法集中精力，电视广告商们在这方面深有体会。虽然目前电视节目丰富，但能真正赢得观众“眼球”的却很难。电视中常常出现的乱七八糟的声音削弱了电视机前人们的注意力。

由于以上种种原因，没有人会去听对方说话。

通过训练自己的倾听（真正的倾听）能力，我已经可以在很大程度上影响大部分的人。我获得了他们的信任、和他们建立了友谊、让他们向我倾诉、还可以很容易地把东西卖给他们。我发现你也可以将注意力变为钞票！我现在完全相信，那些成功的人都是听得多、说得少。

你是否曾经试图吸引别人呢？对此，倾听其实是个又快、又好的办法。没有什么能比你全神贯注地听他讲话更能引起他对你的注意了。

应该听些什么

在销售的时候，你要带有目的地听。我们倾听，并不只是为了建立友好关系，或者说是表示我们的礼貌，更多的是为了获得重要的策略和有用的信息。

如果你不知道你想要听到的是什么，那么即使你听到了你想要听的内容时，你可能还没有意识到这就是你想要的。下面是你必须倾听的几个最重要的事项：

是什么事情让他晚上睡不着觉，是挫折、愤怒，还是愤恨（注释：减轻他的痛苦有助于你获得更多的信息）？

他最担心或害怕的事情是什么（注释：惧怕是所有情感中最具力量的）？

他认为最有价值的东西是什么（这能从他的行为和即刻反应中表现出来，而不仅仅是在嘴上说的）？是他的家庭、婚姻、事业、健康，还是其他？

如何了解别人的想法

有一次我到纽约去参加一个个人会议,会议是在一个发展迅速的大公司的总裁办公室里开的。在这个40分钟左右的会议里,我们只花了10分钟的时间来解决手头上的事情上，而这10分钟我也只听了一半的时间。在剩下的半个小时里,我几乎都在听那个总裁诉说他现在的困难、高谈阔论他做生意的原则、吹他最近做的一个很赚钱的买卖,他还无意识地告诉我为了我们的合作他希望我怎么怎么做。我一直坐在那里静静地“剖析他脑子里的想法”。

给对方创造说话的机会

□ [美] 戴尔·卡耐基

戴尔·卡耐基(1888~1955)　美国著名心理学家和人际关系学家,20世纪最伟大的成功学大师，美国现代成人教育之父。一生致力于人性问题的研究。著述颇丰,其中《人性的弱点》一书,被译成20余种文字,畅销世界各地。

尽量让别人表达

很多人，他们在谈话中所犯的最大毛病，就是太急于得到别人的赞许，从而滔滔不绝。尤其是推销员，更容易犯这个毛病。其实，你应该让对方尽量说出他的意见来。每个人对于自己的事，或是自己所面临的问题，都肯定比旁人知道的更多。因此你要做的就是提问，然后等待他给你回答。

很多人在持有不同意见时，总是毫不顾及别人的感受，立刻插嘴。不要这样，这是危险的。当一个人还有很多意见要发表的时候，他是不会把注意力转移到你身上的。因此，你必须要有忍耐的心情，静静地听着。在适当的时候，你还应真挚地鼓励对方，让对方把所要说的话，全部说完。

这种策略，用在商场上是不是有效？让我们来看一个例子吧。

几年前，美国一家最大的汽车公司，正在接洽采购一年中所需要的坐垫布。当时有 3 家厂商把样品送去备选，这家汽车公司的高级职员验看后，便和 3 家厂商约定：让他们某日各派一名代表前来商谈，到时再决定选购哪一家厂商的产品。

里奇正是其中一家厂商的代表。可偏偏就在那一天，他竟然患了严重的喉炎。在我的讲习班上，里奇先生说出了那次事情的经过：

"当轮到我去见汽车公司的那些高级职员时，我竟哑了嗓子，几乎连一点儿声音也发不出来。面对着一屋的经理，我喉咙发不出声音，只有用笔把话写在纸上：'诸位先生，我嗓子哑了，不能说话。'

"那位总经理说：'好吧，让我来替你说说看吧！'于是，这位总经理真的开始替我说话了。他把我的样品一件件展开，并举出这些样品的优点。而当他们开始讨论时，由于那位总经理是在替我说话，所以在那个时候，他自然地帮着我。当时我只能点头笑笑，或是用手势来表达我的意思。

"令人惊奇的是，最终我获得了这个订货合约。这家汽车公司向我订购了 50 万码的坐垫布，总价值是 160 万美元。这是到目前为止所经手过的，一份最大的订货单。

"我知道，若不是我喉咙嘶哑，说不出话，我一定会失去那份订货合同。对于这件事情，我的观念有着本质上的错误。而这一次的事情，使我发现，尽量让别人讲话，也是有益于自己的。"

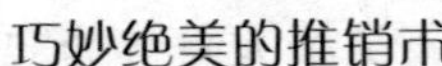

费城电气公司的安德利，也有过同样的发现。那时，安德利先生正在宾夕法尼亚的一个富庶的荷兰农民区视察访问。当他经过一户整洁的农家时，便问该区的代表说："这些人为什么不爱用电？"

那位代表不耐烦地说："他们都是些守财奴，你绝不可能卖给他们任何东西。而且他们很讨厌电气公司，我已经跟他们谈过，这毫无希望。"

安德利相信区代表所讲的是事实，可是他愿意再尝试一次。他轻敲这户农家的门，门开了个小缝，年老的特根保太太，把头探出来看。

安德利先生对我讲述了当时的情形：

"这位老太太看到是电气公司的代表，很快地就把门关上。我又上前敲门，她再度把门打开，这次她告诉了我们，她对我们公司的印象。我对她说：'特根保太太，我很抱歉打扰了您，我不是来向您推销电气的，我只是想买些鸡蛋。'她把门开得大了些，探头出来怀疑地望着我们。我说：'我看您养的都是多敏尼克鸡，所以我想买一打新鲜的鸡蛋。'她把门又拉开了些，说：'你怎么知道我养的是多敏尼克鸡？'我知道自己已成功地引起了她的好奇心。于是，我接着说：'我自己也养鸡，可是从没有见到过，比您家里更好的多敏尼克鸡。'特根保太太怀疑地问：'那么你为什么不用你自己的鸡蛋？'我回答她说：'因为我养的是来亨鸡，下的是白蛋。我想您必善于烹调，那您一定知道，要做蛋糕用棕色鸡蛋更好。而我太太也惯于用棕色鸡蛋烹调。'

"这时，特根保太太才放心地走了出来，她的态度也随之温和了许多。在她走出来的同时，我看到她的院子里，有座很好的牛奶棚。我接着说：'特根保太太，我可以打赌，您养鸡赚来的钱，比您丈夫那座牛奶棚赚的钱多。'她听得高兴极了，大声地表示当然是自己赚得多。她说很高兴听到我这么说，可她那个顽固的丈夫却不承认这个事实。

"接着，她请我去参观她的鸡舍。在参观的时候，我真诚地称赞她养鸡的技术，还找了很多问题问她，并且请她指教。同时，我们交换了很多养殖方面的经验。聊着聊着，这位特根保老太太，突然谈到另外一件事上。她说这里几位邻居，在鸡舍里都装置上了电灯，而据她观察，这似乎对养殖很有帮助。她征求我的意见，如果她也这样做的话，需要花费多少？两星期后，特根保老太太的鸡舍里，多敏尼克鸡在电灯的光亮下，跳着叫着。我做成了这笔交易，她得到更多的鸡蛋，双方皆大欢喜，各得利益。但这不是这个故事的重点，重点是如果我不让她自己把爱好讲出来，我就永远无法将电器卖给这位荷兰农妇。对付这样的客户，你绝不能叫她买，而必须要让她自己来买。"

给对方表达的机会

不久前，纽约一份销量很大的报纸，在它的经济版一栏中，刊登出一则篇幅很大的广告，要招聘一位有特殊能力和经验的人。柯特看到这则广告，便投函到指定的信箱去应聘。几天后，他接到复函，约他面洽。柯特在面试前，花了很多时间去华尔街打听所有关于这家商业机构创办人的生平事迹。

面试的那天，一见面，柯特就对那位创办人说道："能进入像这样一所有成就的商业机构，我感到十分自豪。听说您在28年前开始创业的时候，除了一间屋子，一套桌椅，和一个速记员外，其他什么都没有，是不是真有这么回事？"

每一个事业成功的人，都喜欢回忆若干年前的情形。眼前这位负责人，当然也不会例外。就柯特提出的话题，他完整地讲述了有关他当初如何用450美元现金和一股创业的意志，开设这项事业的经过。

他向柯特一遍遍讲述着自己当初是如何克服困难，又是如何奋斗的。他叙述自己每逢周末、假日都不休息，每天工作12到16小时。现在，他终于战胜了困难，华尔街最有地位和身份的金融家，都要来向他请教。他对自己这一段艰难的历程感到自豪。最后，他简单问了柯特的经历，随后把一位副总经理请来，说："我想这位先生，是我们所要找的人了。"

柯特费尽心思，去探听他未来上司过去的经历，并在面谈的时候，适时表现出了自己的关心，鼓励上司讲述过去的历史，从而给对方留下了很好的印象。

善于倾听，让对方讲述他自己的经历。这才是最切合实际的。即使是我们最亲近的朋友，也宁愿多谈他们自己的成就，而胜过去听我们的吹嘘。法国哲学家洛希夫克，曾这样说："如果你想得到仇人，你就胜过你的朋友；如果想获得更多的朋友，就让你的朋友胜过你。"

德国人有句俗语是："当我们所猜疑、妒忌的人发生不幸时，我们会得到一种恶意的快感。"是的，有些朋友，更愿意看到你遭遇困难，这让他们更为快慰。因此，别表现得太突出。我们要虚怀若谷、处处谦逊，那样会处处有人喜欢你，也会有更多人愿意接近你。

著名作家考伯，就是这样做的。曾有一位律师，在听证席上对考伯说："考伯先生，我听说你是美国一位著名的作家，是不是？"

考伯回答说："实在不敢当，那是我太侥幸了。"

我们应该谦逊，因为你我都没有什么了不起。你我终将死去，百年之后，我们都将为人所遗忘。生命是短促的，别把自己不值得一提的成就，作为谈话的资料，令人厌烦。我们要鼓励别人多说话。仔细想一想，你真有那么多值得夸耀的地方吗？

你不是个"白痴"的原因在哪里？其实说出来很简单，在你的甲状腺里，藏着只值一元钱的碘质。若是有个医生，剖开你颈中的甲状腺，取出那一点儿碘质，你就变成一个白痴了。你可以花一点儿钱，去西药房买一瓶碘酒，这样你就能毫无阻碍地跨入精神病院了。一个人的意识、智能，就值那么一点儿钱，你有什么值得自夸、自傲的呢？

要建立良好的人际关系，先要多了解每一个人所持有的主观信条和所处环境，进而对之谅解，并尊重其人格，沟通思想。

——［日］桐田尚作

倾　听

□ ［美］卡尔·罗杰斯

卡尔·罗杰斯(1902~1987)　美国心理学家，人本主义心理学的主要代表人物之一。从事心理咨询和治疗的实践与研究，并因“以当事人为中心”的心理治疗方法而驰名。曾当选为美国心理学会主席，1956 年获美国心理学会颁发的杰出科学贡献奖。

我很清楚为什么倾听别人谈话能使自己感到惬意。因为听某人谈心，就意味着我在跟他进行交流和接触，也因此能丰富自己的生活。正是通过倾听人们的谈话，我逐渐了解到各式各样的人，懂得了人格、心理治疗和人与人之间的交往关系。

还有另一个原因使我在听人谈话时感到愉快。当我在听某人对自己倾诉衷肠时，我好像是在欣赏天堂的音乐。因为在任何人的直接语言信息中，无论他谈的是什么内容，都包含有一种最普遍最一般的东西。

在我进行的所有交谈背后，似乎都隐藏着井然有序的心理规律，它构成了我们在整个宇宙中所看到的使人敬畏的宇宙秩序的组成部分。因此，我既对倾听人的谈话感到高兴，也对自己能够接触到某种宇宙真理而感到满意。我很欣赏听人谈话，当然，我的意思是指能够真正深刻地理解对方。不仅听懂对方的言语，而且要理解对方的思想，体会他的语气所传达的感情，明白他个人的意思，甚至说话人自己都没有明确意识到的其他含义。

有时，一个信息从表面上看并不重要，但是我能从中听到一种低沉的呼喊，一种“无声的尖叫”，它深深埋藏在说话人的未知的心灵深处。

学会夸人和善于倾听

□[日]青木仁志

青木仁志 1955年生于日本北海道。从10岁起步入专业推销的国际企业Britannica，在推销的职业生涯里，获得了许多嘉奖。此后，出任能力开发咨询公司营业统筹本部部长。出版《推销动机提高策略》、《绝对营业力》、《21世纪的成功心理学》等著作。

有人说“我的嘴笨得要命”。其实我以前的情况跟说这话的人也差不多。

那么，这些人真的是嘴笨吗？根据我自己的体会，我认为其实完全不是那样。

我想，所谓嘴笨的人就是指那些不是站在对方的立场上，而是凡事都从自身利益出发来讲话的人。因此，这些人是很容易感到困惑、害羞和紧张的。正是由于他们什么事都以自我为中心，所以就不能保持一种平静的心态，就容易出现紧张情绪。这种以自我为中心的讲话，也就不能把自己礼貌是建筑在双重基础上的：既要表现出对别人的尊重，也不要把自己的意见强加于人。

——[俄]霍夫曼斯塔尔

要表达的意思传达给对方。

“这个人到底遇上了什么问题呢？我是不是能帮上他的忙呢？那么，我一定要把我的这个想法告诉他。”如果就像这样，站在了对方立场来考虑的话，你就能很自然而且很流畅地把你的意思传达给对方了。所以，这种推销员是很受顾客欢迎的。

上下级之间也是这样。“他有什么烦恼呢？能不能想法帮帮他呢？”上司这么想着，就委婉地询问起部下的情况来。于是，部下就会讲了起来：“实际上是这么回事……”上下级之间的关系就是这样。

能做到受别人欢迎是比其他任何能力都重要的。之所以这么说，是由于它完全产生于“凡事都是为了对方”这种心情。因此，在推销员的队伍中是不应有自私自利之人的，他们应该把顾客放在最优先的位置上。如若不然，推销这行，他肯定是干不长久的。

一流推销员所共有的七件法宝中的最后一件，就是会夸人，而且还特别善于听别人说话，也就是说具有善于听的能力。他们夸起顾客来确实很在行，而且还绝不是那种令人肉麻的奉承，是在对方感到困惑、犹豫不决时给予他的鼓励。这种能力正是来自于他们善于听对方讲话的本领。

我们只要跟顾客交往熟了，他们就会发自肺腑地把他自己的牢骚、困惑等跟你诉说，跟你商量。这时简单地敷衍应付是绝对不行的。首先，最重要的是要与他保持同种感受；其次，要想方设法地鼓励对方持有积极的态度。那么，下面的这些话自然也就说出来了。

“某某社长，想不到连这些您都关照到啦。您公司的员工可真是幸福啊！有您这样的社长替员工操心，员工们连睡觉都会觉得踏实。但这种情况如果反过来，社长您又会怎么想呢？”

“不会有那样员工的！”

“是啊！的确是不会有员工比社长还关心公司的事情的。但从另一方面来说，难道当社长的不就是替员工操心的吗？我就是这么认为的。要是一个公司有这样的社长的话，连我都想去他那里工作。”

“……是吗？社长就是替人操心的命？你说得对！经你这么一说，我似乎感觉还真的轻松了不少呢。谢谢啦！”

像上面的这种情况，我以前碰到过不少次。所谓推销就是使顾客振作起来，这一想法是在这种反复的交流过程中产生的。

之所以能够做到善听别人讲话，正是由于与对方建立了信任关系，对方才给你这种倾听的机会的。不只是顾客，就是一般的人，都会对认真倾听自己讲话的人敞开他的心扉的。你越是仔细地听他讲话，他就会越信任你。所以，一流推销员总是在通过努力的学习来磨炼他倾听别人讲话的能力，而且无论多么忙，他都绝对忘不了倾听时的姿态。

推销之所以能够善始善终，也是由于倾听的能力发挥了作用的缘故。

演讲，从完善倾听艺术开始

□ [美] S.卢卡斯

S. 卢卡斯 美国威斯康星大学交流艺术系教授。其首部著作《反叛的凶兆》于1977年获美国演讲交流协会纪念奖并获普利策奖提名，论文《〈独立宣言〉的修辞学谱系》获美国国家交流协会论文纪念金奖以及其他大奖。

虽然大部分人都不是很好的倾听者，但是，也还有些例外。高层商业管理人员、成功的政客、聪明的教师，这里面几乎所有人都是良好的倾听者。他们所做的事情有极大的一部分依赖于收集口头信息，而且还必须很快和准确地收集到这样的信息。如果你跟一家大公司的总裁会面，那你一定会惊讶地发现（而且自我感觉良好），这位总裁在极其认真地听你说话。

如果你把自己的思想隐藏起来，却想去了解对方的一切，那是办不到的。

——[日]大松博文

有一位商业管理人员承认："坦率地说，以前我从来都没有认为倾听本身就是一件重要的事情。但现在我意识到了，我觉得我工作的八成依赖于听别人说话，也依赖于听我说话的人。"

在我们这个交际时代，倾听比以前任何一个时代都更为重要。这就是在大部分公司里，有效的倾听者总会占据更高的职位，比不耐心的倾听者更快得到提升的原因。请商业管理人员将工作最重要的交流技巧列出顺序时，他们都把倾听技巧列为第一。倾听是非常重要的一个技巧，对美国《财富》500强企业进行的一项调查显示，几乎有六成作出反馈的公司说，他们为新来的员工提供倾听技巧方面的培训。

哪怕你并不准备当一家公司的总裁，倾听的艺术仍然会在你生活的方方面面都有帮助。人们花更多的时间用来倾听，比别的任何一项交际活动的时间还要多，比如写作、看书、讲话。

想想你在大学的生活吧。美国大学里差不多有九成的时间用在倾听讨论与讲课当中。多项研究显示，倾听与学术成就之间有很强的关联，成绩最好的学生一般都是具备最强倾听技巧的学生；反过来也是一样，成绩差的学生一般也是那些倾听技巧不好的学生。

因此，有很多理由来认真对待倾听。雇主与雇员、父母与孩子、妻子与丈夫、医生与病人、学生与老师，所有这些人都依赖明显很简单的倾听技巧。不管做什么工作，不管属于哪一行，你永远也无法逃避对两只素有训练的耳朵的需求。

作为演讲人，倾听对你也很重要。这也许是你得到自己的大部分思想和信息的方法，从电视里，从无线电里，从对话中，从演讲中。如果你不能够认真地听，那就不能够理解自己听到的东西，也许还会将自己的误解传播给别人。

另外，在课堂上，你听到的内容总是比你演讲的内容多。仔细倾听同学的演讲才算公平，毕竟，你希望他们也认真听你演讲。认真听别人演讲也是改进自己的演讲技巧的极好办法。有一位同学回忆演讲课堂上的经历时说："当我听别人演讲时，发现看来是极有效的，在此发现中能明白我该回避什么，轮到我演讲的时候，这些收获就大有帮助了。"时间一长，老师就发现最好的演讲人，通常都是那些有很好的倾听技巧的同学。

演讲课堂提供了同学们完善倾听的艺术机会。在你没有讲话的95%的时间内,你除开倾听和学习之外,并没有别的事情好做。

你可以有效地利用这段时间来了解对方,确立自己的演讲技巧。这将取得成功。

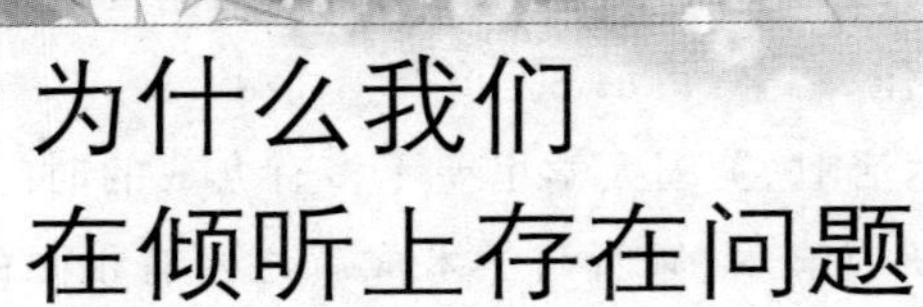

为什么我们在倾听上存在问题

□[美]桑德拉·黑贝尔斯　里查德·威沃尔　李业昆/译

桑德拉·黑贝尔斯　美国洛克赫文大学教授、著名学者。与里查德·威沃尔合著有《有效沟通》一书。

里查德·威沃尔　美国葆灵·格林州立大学教授、著名学者。

所有的人在倾听上都不时地出现失误,有时我们得到自己没能很好倾听的暗示。例如,你曾经做错过一次班上所有其他同学都做对了的作业吗?你请求过老师再解释他(或她)给班级留过的作业吗?即使某人已告诉你到哪里去找,你找到它很麻烦吗?你因为没很仔细地倾听某人为你指的方向而迷路过吗?在问一个刚才被回答过的问题时,你的同学笑话过你吗?你问过一个与讨论内容没有关系的问题吗?你曾经意识到因为被自己的思想搞得心烦意乱而没有很好地倾听吗?你曾经被指责过没有倾听吗?

或许大多数人对这些问题中的许多会回答“是”。倾听是困难的，有许多原因使你分散注意力。下面，我们来研究造成我们没能像我们应该的那样有效地倾听的一些问题。

认知失调

认知失调，这是一个适用于沟通的心理学原理，表明一个人如果具有两种或更多相互对立的态度时，他（或她）会感觉到矛盾。例如，人们可能觉得他们的参议员工作出色，但可能认为目前针对于他的性骚扰指控或许是真的，这样，知道所有这些事情（参议员是好的，但性骚扰是坏的）的人就受到认知失调的困扰。

人们降低这种失调的一种通常方式是通过忽略那些引起冲突的信息来实现的。例如，当这位参议员被谴责有性骚扰问题时，你对自己说：“那不可能是真的，他是一个有家庭的好男人。”倾听那些与我们已经固有的信念相矛盾的信息是危险的，特别是如果接收这种信息可能使我们与对自己重要的人相冲突时就更是如此。另一方面，如果我们要成长和尊重他人的观点，细心地倾听是必要的。

焦虑

有时我们不能倾听是因为我们处于一种极度焦虑的状态中。假设你开车去一座陌生的城市，发现自己完全迷路了。在行驶了很长时间而没看到任何指明附近城市的公路号码或标志时，你或许会感到自己的心快要跳出来了，这就是焦虑。当你最终停下来问路时，你就完全失去了自信，你的焦虑程度高到甚至不能倾听的程度。结果是你一旦重新上路，仍然不能找到正确的道路。

焦虑当然存在于课堂这种环境中。研究表明，如果老师告诉学生考试内容将是很难的，学生们可能感到忧虑，这将干扰学生们的听课状况。例如，一位学生上了一门为了达到毕业必须上的数学课，每次遇到一个不明白的问题时，他就停止听课，最终他远远落在别人的后面，他不再去上课

了。在第四次注册这门课程后，他明确了关键是设法控制自己的忧虑，听好课才能通过这门课程。

控制型倾听者

许多人总是不愿意去倾听，他们轮流地倾听有时是因为知道别人期望自己这样，但他们更喜欢自己说。控制型倾听者总是寻找一种方式去谈论自己和自己所想的，如果别人谈到某种经历，他们则说出一种更长和更好的经历。如果你说自己有一个 20 磅重的猫，他们就告诉你某个人有一个 25 磅重的猫；如果你说将去西班牙，他们会告诉你确实应该去西班牙而且还要去葡萄牙以使旅行有价值。

这些人很少注意到从他人那儿得到的非语言暗示，他们不理睬听话者目光呆滞和经常偷偷地看表，他们也忽略像"我最好开始做某件事"或"我才注意到已是多晚了"这样的暗示。

被动倾听者

人们经常认为听是毫不费力的事，他们的态度可能是在"我不许做任何事只需背靠后坐着听"到"如果它不是考试的内容我就不需去听"之间。这些态度或许都源于我们所看的电视和录像，娱乐需要很少的倾听能力：一个"躺椅上的土豆"是最被动的倾听者。

按照所听的内容，我们需要不同的倾听技巧。娱乐时的倾听可能是被动的，但在课堂中听课或听同学发言时就需要主动。这种倾听需要一种积极态度，虽然可能不是我们曾经听过的最引人入胜的题目，但因为信息可能有用或重要，以及因为我们有道义上的责任去倾听和理解他人，所以我们要听。

这些态度引出在这章中我们要明确的一个重要观点：有效地倾听需要像有效地说和写一样多的技巧。

凡对于以真话为笑话的，以笑话为真话的，以笑话为笑的，只有一个办法：就是不说话。

——鲁　迅

听话的艺术

□杨　绛

杨绛　1911年生于北京。中国社会科学院外国文学研究员，作家、评论家、翻译家。钱钟书先生的夫人。创作出版剧本《称心如意》、《弄真成假》、《风絮》，长篇小说《洗澡》，散文集《干校六记》，随笔集《将饮茶》，论集《春泥集》、《关于小说》；译作有《1939年以来的英国散文选》、《小癞子》、《堂吉诃德》等。2003年在90多岁高龄时出版回忆录《我们仨》。

假如说话有艺术，听话当然也有艺术。说话是创造，听话是批评。说话的目的在于表现，听话的目的在于了解与欣赏。不会说话的人往往会听说话，好比古今多少诗人文人所鄙薄的批评家——自己不能创作，或者创作失败，便摇身一变而为批评大师，恰像倒运的窃贼，改行做了捕快。英国18世纪小诗人显斯顿说："失败的诗人往往成为愠怒的批评家，正如劣酒能变成好醋。"可是这里既无严肃的批判，又非尖刻的攻击，只求了解与欣赏。若要比批评，只算浪漫派、印象派的批评。

听话包括三步，听、了解与欣赏。听话不像阅读能自由选择。话不投机，不能把对方两片嘴唇当做书面一般"啪"的合上，把书推开了事。我们可以"听而不闻"，效法对付嚣张的厌恶的办法"装上排门，一无表示"，自己出神也好，入定也好。不过这办法有不便处，譬如搬弄是非的人，便可以根据“不否认便是默认”的原则，把排门后面的弱者加以利用。或者“不听不闻”更妥当些。从前有一位教士训儿子为人之道：“当着客人的面，不可以哼歌曲，不要弹指头，不要脚尖拍地——这种行为表示不在意。”但是这种行为正不妨偶一借用，于是出其不意，把说话转换一个方向。当然，听话而要逞自己的脾气，又要不得罪人，需要很高的艺术。可是我们如要把自己磨揉得像海绵一般，能尽量收受，就需要更高的修养。因为听话的时候，咱们的自我往往像接在盒里的弹簧人儿，忽然会“哇”的探出头来叫一声“我受不了你”。要把它制服，只怕千锤百炼也是徒然。除非听话的目的不为了解与欣赏，而另有作用。19世纪英国诗人台勒爵士也是一位行政能员，他在谈成功秘诀的《政治家》一书中说：“不论‘赛人’的歌声多么悦耳，总不如倾听的耳朵更能取悦‘赛人’的心魄。”成功而得意的人大概早就发现了这个诀窍。并且还有许多“赛人”喜欢自居童话中的好女孩，一开口便有珍珠宝石纷纷乱滚。倾听的耳朵来不及接受，得双手高擎起盘子来收取——珍重地把文字的珠玑镶嵌在笔记本里，那么“好女孩”一定还有更大的施与这种人的话并不必认真听，不听更好，只需凝神倾耳；也不需了解，只需摆出一副欣悦钦服的神态，便很足够。假如已经听见、了解，而生怕透露心中真情，不妨装出一副笨木如猪的表情，“赛人”的心魂也不会过于苛求。

听人说话，最好效陶渊明读书，不求甚解。若要细加注释，未免琐细。不过，不求甚解，总该懂得大意。如果自己未得真谛，反一笔抹杀，认为一切说话都是吹牛拍马撒谎造谣，那就忘却了说话根本是艺术，并非柴米油盐类的日用必需品。责怪人家说话不真实，等于责怪一篇小说不是构自事实，一幅图画不如照相准确。说话之用譬如衣服，一方面遮掩身体，一方面衬托显露身上某几个部分。我们绝不谴责衣服掩饰真情，歪曲事实。假如赤条条一丝不挂，反惹人骇怪了。难道个人的自我比一个人的身体更多自然美？

谁都知道艺术品的真实并不指符合事实。亚里士多德早说过：“诗的真实不是史实。”大概天生诗人比历史学家多(诗人，我依照希腊字原义，指创造者)，而最普遍的创造是说话。夫子“述而不作”，又何尝述而不作！不过我们看戏听故事或赏鉴其他艺术品，只求“诗的真实”。虽然明知是假，甘愿信以为真。珂立支所谓：“姑妄听之。”听话的时候恰恰相反，“诗的真实”不能满足我们，我们要知道的是事实。这种心情，恰和珂立支所说的相反，可叫做“宁可不信”。同时我们总借用亚里士多得“必然与可能”的原则来推定事实真相。举几个简单的例子。假如一位女士叹恨着说：“唉，我这一头头发真麻烦，恨不得天生是秃子。”谁信以为真呢！依照“可能与必然”，推知她一定自知有一头好头发。假如有人说：“某人拉我帮他忙，某机关又不肯放，真叫人为难。”他大概正在向某人钻营，而某机关的位置在动摇，可能他钻营尚未成功。假如某人要代表他负责的机关当众辟谣，我们依照“必然与可能”的原则，恍然道：“哦！看来确有其事！”假如一个人过火地大吹大擂，他必定是对自己有所不足，很可能他把自己也哄骗在内，自己说过几遍的话，便信以为真。假如一个人当面称谀，那更需违反心愿，宁可不信。他当然在尽交际的责任，说对方期待的话。很可能他看透了你意中的自己。假如一个人背后太热心地称赞一个无足称赞的人，可能是最精巧的献媚，准备拐几个弯再送达那位被赞的人，比面谀更入耳洽心；也可能是上文那位教士教训儿子对付冤家的好办法——过火的称赞，能激起人家反感；也可能是借吹捧这人，来贬低那人。

听话而如此逐句细解，真要做到“水至清则无鱼”了。我们不必过分精明，虽然人人说话，能说话的人和其他艺术家一般罕有。辞令巧妙，只使我们钦慕“作者”的艺术，而拙劣的言词，却使我们喜爱了“作者”自己。

说话的艺术愈高，愈增强我们的“宁可不信”，使我们怀疑，甚至恐惧，笨拙的话，像亚当夏娃遮掩下身的几片树叶，只表示他们的自惭形秽，愿在天使面前掩饰丑陋。譬如小孩子的虚伪，哄大人给东西吃，假意问一声：“这是什么？可以吃吗？”使人失笑，却也得人爱怜；譬如逢到蛤蟆般渺小的人，把自己吹得牛一般大，我们不免同情怜悯，希望他天生就有牛一般大，免得他如此费力。逢到笨拙的献媚，至少可以知道，他在表示要好。老实的骂人，往往只为表示自己如何贤德，并无多少恶意。一个人行为高尚，品性伟大，能使人敬慕，而他的弱点偏得人爱。乖巧的人曾说：“你若要得人爱，少显露你的美德，多显露你的过失。”又说：“人情从不原谅一个无需原谅的人。”凭这点人情来体会说话时的心理，尤为合适。我们钦佩羡慕巧妙的言辞，而言辞笨拙的人，却获得我们的同情和喜爱。大概说话究竟是凡人的艺术，而说话的人是上帝的创造。

听话长知识

□ [美] 约翰·马克斯·坦普尔顿

约翰·马克斯·坦普尔顿 美国著名金融投资家，美国《新时代》杂志称他为“全球投资的总管”。他的著作有《发现人生定律》、《目的的证明》、《信仰的力量》等，其中最著名和最具影响力的著作是《发现人生定律》。

有一则神话传说讲，上帝给了我们两只耳朵，一张嘴，为的是让我们少说话，多听人家说。如何运用我们的两只耳朵，这对我们一生中能够学到多少知识，的确十分重要。好的倾听者给真正的谈话艺术增色不少，而且也能给他身边的人带来快乐。

有一个故事说，一位记者参观了美国纽约布朗克斯动物园的猴房。当立在猴房前听那些猴子无尽无休的“吱吱”叫声时，他忽然记起了不久前的一个与此相似的场面。他在前一个星期曾参加一次鸡尾酒会，他回想起房间里拥挤不堪的人群以及人们的大声交谈，没有人在真正谈事情，也没有人真正去听。离开猴房时，他在想：我们错过了太多的东西。

谈话中的说与听，可以成为人们最有益的、兴味无穷的智力活动，像真正的研究，谈话的艺术是可以改进的；像旅行，谈话的范围可以扩大；又像友谊，谈话可以滋养我们的心灵。然而，它又往往要求我们将扮演说话角色的意愿转换成倾听的意愿，要求我们谈话的双方都要有“消化的停顿”！

生活中发生的某些关系破裂、朋友绝交等事情，其中一个主要的原因在于一方或双方没有学会听别人讲话。听，是一种需要学习的技能。

如果我们充分掌握了这个技能，那么，我们就不仅会增强学习的能力，而且还会懂得怎样和他人保持良好的关系。一次真正的交谈，是一次互相了解，互相学习的极好机会。

有两种听——积极的和消极的。我们大多数人都擅长消极的听，我们表面上显得在听，而我们的意识则溜到了昨晚看的一场电影，或者去考虑明天该怎样穿戴。在上课、听布道、看电视，甚至与我们的密友或家人在一起时，我们的注意力都可能溜走。

积极的听做起来可能比较困难，因为，它需要我们时刻将注意力集中在说话人的讲话上。这需要我们像摄影师运用镜头那样去运用我们的双耳。为了得到美丽的画面，摄影师要不断地调节镜头，直至画面处于最佳状态。作为积极的听者，我们也要不断地调整自己的注意力，以保证接收到说话人传递给我们的信息。我们听得越多，学得越多，我们就越能更好地发挥我们自身具有的潜能。

根据美国斯佩里公司进行的关于有效的听讲的调查表明，学生在课堂上有60%~70%的时间用于听。在商业上，听已被视为一位经理所应具备的最重要的能力之一。可悲的是，我们生活中的大多数人都不能算作是有效的听者。我们几乎从不会静下心来听一听别人在讲什么，然后思考一番自己应怎样回答。在当今的许多“乒乓球”式的谈话中，我们很难看到说的一方留出间隙，而让听的一方有机会“挥拍上阵”。

你玩过孩子们的“传话”游戏吗？在这个游戏里，大家坐成一个圆圈，一个人对着另一个人的耳朵讲一个故事，这个人听完后再将故事讲给下一个人听。这样，故事在孩子们中间转了一圈，再回到讲故事人的耳中时，已经变得面目全非。这就是听的能力很差的结果。

历代以来，人们一直十分强调听的重要性。古埃及的一部典籍《阿门·恩·奥佩塔》（约公元前1200年）中指出：“竖起两耳，听别人讲。别人的话传到耳边，可能成为你的舌头的拴羊桩。”公元前2世纪，希伯来学者本·西拉也认为：“如果你喜欢听别人讲，你便会有所得；如果你常听别人讲，

你就会聪明起来。”

听别人讲，这需要一些训练和强化，但是，我们是能够学好这项技能的，而且谁学得用功，谁就掌握得更好。上帝不仅给了我们两只耳朵和一张嘴，而且还给了我们学习的潜能。我们越去用功学习听的技能，我们就越会清楚地认识到我们每个人所拥有的潜能有多大。

善于倾听

□ [美] 戴尔·卡耐基

倾听是一种美德，倾听能让你化解干戈，倾听能深入心灵，倾听能够使别人对你产生敬慕，倾听是人人都能运用的策略。

当初蒙娄初受柯立芝总统之命，去往墨西哥任新任公使。但是对一个才上任的新官而言，这确实是一项苦差事，曾经有位美国的知名人士评点：墨西哥是美国最疼痛的一个手指头，到那儿做公使，是再麻烦不过的事了。

蒙娄初重任在身，他觉得此行最关键的时刻，就是他在第一次和墨西哥总统卡尔士会面的时刻。他能不能让自己和美国得到胜利的结果呢？他能不能在墨西哥总统心里留下一个美好的印象呢？这都不得不依赖蒙娄初事先拟定的策略了。会见的第二天，墨西哥总统卡尔士对一位朋友说：“新任美国公使真是一位能言善辩的人啊！”

蒙娄初是怎么跟墨西哥总统进行沟通的呢？他又使用了一些什么样的策略才使墨西哥总统卡尔士对他留下了如此美好的印象呢？原来，在他和

墨西哥总统进行会谈的时候，他压根儿不提公使应当提到的官方性的那些严肃事件，只是顺便夸了夸当地厨师的手艺，还多吃了一些面包和菜品；随后，他请卡尔士总统讲一讲墨西哥的现状，以及墨西哥内阁对国家的发展有什么新的举措、总统自己现在有没有什么正在计划的事宜，还有卡尔士总统对未来的形势有什么样的看法等等。

蒙娄初运用了人人都可能知道的策略。他说这些话的目的，只是为了让卡尔士总统感到轻松和愉快。蒙娄初鼓励卡尔士总统，发表自己的见解，让他率先开口说话，自己则一心一意地倾听着。在这个过程中，他流露出对于对方的兴趣表现出的崇敬之意，从而提高了对方的自尊心和自信心。

当我们翻阅那些成功者的传记或自传时，我们可以发现，有许许多多的成功者都是倾听策略的受益者。每一个成功者在他成功的过程里，都必定有着倾听别人说话这一策略的功劳。因此，学会倾听别人说话也是非常重要的。

修华勃先生是我们已经提到过的一个人了，他在接待他的朋友时非常周到，但是经常一言不发。只是一味地让他人说话和聆听他人说话，这是他的一种天赋才能。他对于任何人都是这样，只要是和他谈话的，不管是他的雇员还是经理人，他都会非常专注地静静聆听，他的双眼紧紧盯着对方，直到对方的话说完。

约翰·海是美国的一位著名政治家，他不但能够作精彩的演讲，同时也是一位极佳的听众。他在倾听别人谈话的时候，总是做出一副明显地对对方表现出崇敬的样子，非常专注。任何跟他谈过话的人，只要一起坐上半个小时，他们就会感受到自己已经被约翰·海给征服了；同时，无意之中也受到他的鼓励，不知不觉地向前走了。

豪斯先生曾是威尔逊总统在位时的副总统，工作非常出色。他的一位朋友曾经这样评价道："豪斯先生一向是一名好听众。他之所以能够出任威尔逊的副总统，可能多半是出于他对人倾听的态度。因为豪斯和威尔逊首次在纽约会面时，他就用他善于倾听的策略征得了威尔逊的好感，同时也引起了威尔逊对他的注意。"

一切领导人物，都是注重而且善于运用聆听艺术的。这些领导人物不但会对别人的发言表现出浓厚的兴趣，还会把这种感觉真切地表露出来。

可是在这个熙熙攘攘的社会里，虽有很多人明白这种策略的重要地位，有时也还会遇到发展的良机，然而他们还是在疏忽之中没有善加利用而失去了机会。

许多到各地去拜访过名人的年轻人都有过这样的感觉，那些大人物对自己并没有好感，大人物认为他们是有着错误观念或是粗心大意的人，他们不了解为什么会有这种感觉。其实，真正的原因在于他们自身，他们没有人能够静静地聆听被访问者的谈话，只是不断考虑自己接下来应当说什么话，他们并不能专心地听对方到底说了些什么。很多大人物都曾表示说，他们认为一个善听的人要比一个健谈的人更能让人满意，所以听讲的才能要比健谈的才能更为重要。

聆　听

□[美]理查德·卡尔森

理查德·卡尔森　美国著名的演说家，压力咨询顾问，一个新时代的激励大师。他与人合著的四本书：《别为小事抓狂》、《抛开忧虑去赚钱》、《灵魂处方》、《心灵私房书》，在全球畅销2000万册。

现在，我愿意把我的一个最难忘、最有启迪意义的记忆告诉你。在我十七八岁时，我和当时的女朋友闹崩了，当时，我的心都碎了。我感到绝望、沮丧和迷茫。与女友分手的那天大雨滂沱，我坐在屋外，任凭雨水涤荡我的全身。

我的母亲芭芭拉觉察出有什么事情发生后，冒着倾盆大雨走到我身边坐下。她用手臂搂着我说她爱我。此刻，我把肚子里的苦水统统倒了出来，而她却只是静静地听着，听着，听着我倾诉心中的痛苦。

过了一会儿，我觉得自己的心情好多了。聆听的治愈作用已产生效力，但这种治愈过程与我母亲说的话毫无关系，而是与她的聆听息息相关。

在这个人生最痛苦的时刻，我也许可以向世界上最权威的人际关系专家吐露自己的心事，但这种做法恐怕收效甚微。此时，任何形式的安慰、开导、鼓励都不会见效，而心理咨询、讨论、支援小组、友谊等也于事无补。对我来说，没有任何东西能帮助我，因为我只需要有人能听我诉说衷肠。结果，确实有人聆听了我的心声，而这种聆听帮助我解除了内心的痛苦。

从那一刻起，我比以往任何时候都更爱我的母亲了，对她更加敬重和佩服。此后，我一直努力使自己不要忘记这重要的一课。我发现，当某人感到痛苦时，人们最好做一件事，那就是聆听。

我惊奇地发现，需要聆听的人竟如此之多。当你的爱人或情侣发牢骚时，他(她)是真的需要你出谋划策，还是想让你分担他(她)的烦恼，而不需要你加以任何评论?我想起自己结婚时发生的一件事。当时我突然产生一种不愉快和沮丧的感觉。一时间，我想发泄心中一些积蓄已久的怨气，而且这种愿望如此强烈，我真不知道会引发什么样的后果。

克里斯汀要我告诉她究竟出了什么事。当我讲完之后，我感到心中如释重负，并开始啜泣。我想我一定一口气讲了 20 分钟，其间，克里斯汀没插一句嘴。最后，她只说了一句:“说出来心里会感到轻松的。”

我的心情开始轻松，恐惧感也逐渐消除。当我对克里斯汀的爱变得更加强烈时，我心中的愤怒、沮丧和疑惑也随之消失得无影无踪。正是她的聆听，而不是她的话语，使我确信她对我的爱意深切。

我不由得想起一些熟悉的人，他们一直渴望与自己的爱人或同伴进行类似的谈话。而真正的心心相印来自于静心聆听对方的心声，但在多数情况下，这种聆听寥若晨星，取而代之的却是争辩和偏激反应。

尽管我无从知道，也无法肯定，可我仍怀疑，在各种人为制造的麻烦

中,至少有一部分是因为人们没有认真聆听别人的陈述而造成的。我常听成年人、青少年和儿童对我说:“没人愿意听我说话。”当一个人越轨或做出暴力事情时,我常想,如果有人能聆听他的心声,他的做法也许会大不相同。

我听到有人说过这样的话:“上帝赐给我们两只耳朵和一张嘴,所以,我们应当至少要多听一遍我们所说的话。”可是,有多少人真的能做到这点呢?

作为父母,假若我们能多花点儿时间聆听孩子的心声,少用点儿时间对他们说教,是否对孩子的教育更有帮助呢?尽管说起来容易做起来难,但这种做法的结果是:父母和子女的沟通更加顺畅,彼此间的怨恨也将荡然无存,取而代之的将是欢声笑语和开放的心灵。我从未听过哪个孩子说:“我爹妈太喜欢听我说话了。”实际上,情况恰恰相反。

“聆听的智慧”也同样适用于职场。倘若一名员工真正在听我想说的话,我常会产生一种陶醉感。不幸的是,这种情况极为少见,只能说是个别现象。如果客户觉得你在认真聆听他们说的话,他们也许会购买你的产品和服务。假如员工和同事感到你能认真聆听他们的心声,他们就会与你相处得更好,也能与你精诚合作。

聆听与耐心形同手足,当我们襟怀坦荡,以不偏不倚的心态聆听周围发生的情况时,我们就是在培养自己的耐心。倘若我们能设法遏制那种不分青红皂白的冲动情绪,随后发生的事情不但更加有趣,威胁程度也会大大减少。

聆听不光需要双耳,也需要直觉。聆听的关键在于:尽可能地保持平静和兴趣。

毋庸置疑,一个出色的聆听者,必然会得到丰厚的奖赏:改善并保持良好的人际关系,提高工作和生活效率,成为模范父母,极少与人发生冲突,等等。

出乎意料的是,做一名出色的聆听者并不需要高深的技巧。只要始终把它放在第一位,余下的事情就是仔细观察与大量实践。当面对一种情况或与人相处时,你必须先排除杂念,然后开始聆听。假如你发现自己的心中很快充满了各式各样的想法,你就需要进行观察。你会发现这些想法与建立人脉关系就是一个挖井的过程，付出的是一点点汗水，得到的是源源不断的财富。

——[美]哈维·麦凯

“解决方法”、“恐惧”、“计划”等有关。这些想法并不是不好，只不过它们都是不请自来的。你会发现自己把全部心思都放在寻找让自己说话的机会上，而不是打算认真聆听。在你了解全部事实前，或在别人结束发言前，你的思想已经在着手构思某种答案，就像是一个短跑运动员蹬着起跑器焦急地等待发令枪响！

当内心出现各种众说纷纭的思想时，先不要急着做判断，而是要观察它们，然后友好地请它们全部离开。

最后，只要你的习惯性偏激反应能转化为睿智聪颖的回应，聆听就能让生活中的各种大事更容易处理。对此，我坚信不疑。

假如说话有艺术，听话当然也有艺术。说话是创造，听话是批评。说话的目的在于表现，听话的目的在于了解与欣赏。

第二辑
谈话的艺术

通过交谈可以弥补自身的缺陷与不足，可以填充人与人之间的情感鸿沟。曼特农夫人有这样一则有趣的逸事:有一次晚餐的时候,侍者走到她的身旁说:“请再讲一则趣闻吧,因为今天的烤肉已经没有了。”可见,优美的语言甚至能够抵挡饥肠辘辘的折磨。

当代人讲究说话技巧，更懂得在什么时候说什么话，对什么人说什么话和如何把话说得婉转让想要办的事情顺利完成。然而,能够灵活应用说话的技巧是一种智慧,更是一门艺术,不是每个人生来就能做得好的。

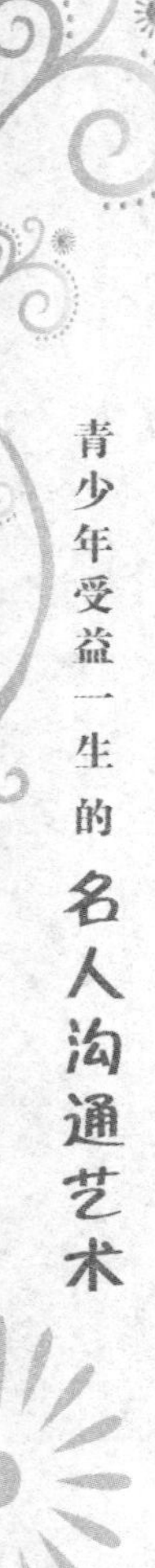

精纯的谈话

□ [美] 弗罗姆

艾利克·弗洛姆(1900~1980) 心理学家、社会哲学家和作家。生于德国法兰克福,获得海德堡大学哲学博士,后来毕业于柏林心理分析研究所。提出弗洛伊德的马克思主义,认为精神分析应与马克思主义结合起来。1924 年赴美,此后写了 20 多本好书,其中包括《爱的艺术》、《逃避自由》、《健全的社会》、《为自己而活》(《自我的追寻》)、《人的心》、《被遗忘的语言》、《心理分析学的危机》等。

一个人必须学会对他所做的每件事情全神贯注，诸如听音乐、读书、与人交谈、游览风景。此时此刻的活动,应该是唯一重要的活动,一个人在这种活动中,应陶然忘我。如果一个人全神贯注,不管在做什么事情,都会无关宏旨。无论是重要的事情也好,不重要的事情也罢,它们都会显示现实性的新的方面,因为它们都需要全神贯注。

学会全神贯注,要尽量避免繁琐的交谈,也就是所谓无关痛痒和不着边际的交谈。如果两个人谈论他们所了解的树的生长,或者谈论他们工作中的共同经验,或者谈论他们刚刚一起吃过的馒头的滋味,那么,这样的话题就会谈到点子上。只要他们都体验到他们所谈论的东西,并且又不是以一种抽象的方式体验,就完全有可能出现中肯的交谈。在另一方面,谈话的内容可以是有关政治和宗教的事情，但它们应通俗易懂。当两个人以一种陈腐而俗套的方式交谈，而且又心不在焉或心猿意马时，就会出现繁琐交谈的现象。

在这里，我应该捎带提醒一下：避免坏的同伴，正如避免繁琐的交谈一样，是非常重要的。坏的同伴，我所指的不仅是险恶而带危害性的人，因为他们的生活方式和生活行为会危害别人，会令人不快。坏的同伴，我也指那些讨厌的家伙，以及虽身躯存在而灵魂死亡的人。这些人的思想和话题是没有半点儿价值的，他们唠唠叨叨地说个没完，而不是好好地交谈；讲一些陈词滥调，而不是多加思索地表达思想。

然而，要避免这一类同伴，总是不可能的，甚至没有必要。假使一个人不是以一种错误的方式——即以陈词滥调和繁琐交谈的方式——来应答对方，而是坦率且充满人性地回复对方，那么，他就会常常发现这些人会改变自己的行为，并且，这些人常常会从突如其来的惊诧中获得教益。

全神贯注，相对别人而言，主要是对别人说的话洗耳恭听。大多数人听别人讲话，也给人以忠告或建议，但却没有真正听懂别人讲的话。他们不是一本正经地对待别人讲的话，他们也不是严肃地对待自己的回答，结果谈话使双方疲惫不堪。他们错误地认为，如果全神贯注地听人谈话，也许会感到更加困乏、更加慵倦。可是，相反的做法才是正确的。任何活动，只要以全神贯注的方式进行，就会使人更觉醒(虽然以后自然而有益的疲劳会产生)；而每一种心不在焉的活动，会使一个人昏昏欲睡——与此同时，在一天工作结束后，它反而叫人更难入睡。

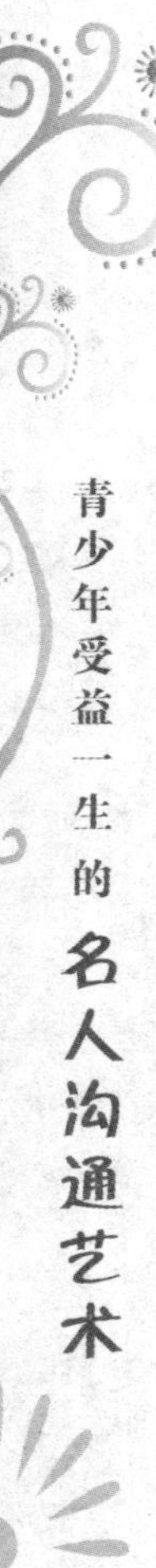

谈　话

□ [美] 爱默生

爱默生（1803~1882）　美国散文家、思想家、诗人。1837 年他以《论美国学者》为题发表了一篇著名的演讲词，被誉为美国思想文化领域的“独立宣言”。文学批评家劳伦斯·布尔在《爱默生传》里说，爱默生与他的学说，是美国最重要的世俗宗教。

一

真诚而愉快的谈话能够令我们力量倍增，这一点是毋庸置疑的。当我们将自己的想法与感受告诉他人的时候，我们自己也从与他人的交流当中获得了乐趣，我们的思路也变得更加清晰了。有时候，倾听会让我们变得更加睿智。人与人之间的交流是上帝赋予我们每一个人的才能和礼物，我们应该要充分地加以利用。有位智者曾经说道：“所有我所认识的人，你也能够认识。”这句话的意思是说，他不需要费力地去将自己所认识的人介绍给第三者，因为，假如他们彼此之间有好感的话，那么他们自然会走到一起的，不必去从中引荐。人与人的心灵应该是相通的，真正的朋友之间，必定有某种相互吸引的东西存在。

语言的诞生揭开了人类文明的帷幕。语言是一种巨大的力量，一种能够说服他人的力量，一种改变的力量，也是一种催生的力量。语言能够改变你对一个人的看法。运用语言，你可以成为美好与高尚的使者。

二

女性是谈话艺术的主角。倘若你回忆一下过往的生活，你的头脑中将会浮现出一些优秀的女性的形象。她们的谈话艺术是何等的高超；她们的声音是何等的悦耳动听，胜过了一切优美的歌曲；她们用语言传达着自己的真诚、个性、智慧与情感；她们妙语连珠，使谈话增添了迷人的光彩。她们不仅自身充满了智慧，而且也让我们变得睿智起来。不从女人那里学习，你就无法成为一名谈话的高手。她们的风度与灵感，是你成功的根本。英国作家斯梯尔这样评价他的情人："爱上她，使我在语言的运用上受益匪浅。"英国诗人申斯通也对女人所具有的这种影响力进行了精彩的描述："她有着这个世界上其他任何女人都无法与之相媲美的才能，这是一种智慧的力量。她能够使一个傻瓜妙语连珠，她能够拨动人们爱的心弦，她能够使毫无生气的肌体焕发出勃勃的生机。"柯勒律治也将有教养的女人比喻为"英国纯洁精神的守护人"。

法国女作家、文艺理论家斯塔尔夫人，被公认为是她那个时代最杰出的社交家，要知道，那个时代中显赫的男人和女人可以说是不计其数。她与英国、法国、意大利和德国的许多著名人物都有书信或社交的往来。斯塔尔夫人认为，只有语言的交谈才是最具有价值的。她同法国小说家、政治家本杰明·贡斯以及德国文学批评家、语言学家施莱格尔之间的交谈便能给人以惊心动魄、荡气回肠的感受。他们在谈话中亢奋不已，如痴如醉，以至于达到了一种将天气的恶劣与道路的泥泞完全忽略不见的忘我境地。德塞尔夫人曾经说道："假如我是王后，那么我就会命令斯塔尔夫人每天都必须要同我聊天。"

三

交谈可以填充人与人之间所有的鸿沟，可以弥补所有的缺陷与不足。

关于曼特农夫人有这样一则有趣的逸事：有一次晚餐的时候，侍者走到她的身旁说："请再讲一则趣闻吧，因为，今天的烤肉已经没有了。"可见，优美的语言甚至能够抵挡饥肠辘辘的折磨。

假如你想成为语言的巨人，那么就不要做行动的侏儒。谈话的最大益处，并不在于炫耀，并不在于征服你的对手——那样只会使你除了自诩以外一无所获——而是要去发现比你懂得更多的人，与他争论，直至完全被他说服，甚至由此毁掉你辛辛苦苦建立起来的所有知识架构和逻辑体系。这并不可怕，你必须要铭记：失败乃成功之母。只有经历了这样的失败，你才能够吸取对方的思想精髓，才能够运用曾经将你击败的艺术和手法去战胜对手，这也就是所谓的"以其人之道，还治其人之身"。尔后，你便能够在交谈的领域里游刃有余、纵横驰骋。

四

态度和语气是交谈中至关重要的因素。让我们不要将目光仅仅停留在谈话的内容上面，而应当留意一下谈话者的姿态。假如我们承认交谈比沉默更为优雅的话，那么，美好的感觉便是交谈成功的一半。当有人来拜访我们的时候，为了显示出热情与友好，我们常常会愚蠢地东拉西扯、信口开河。然而，这种谈话却是毫无价值的。我们也千万不要摆出一副咄咄逼人的气势，这会令我们的交谈毫无优雅可言。我认识的一位夫人说道："与其说我对人们说话的内容感兴趣，不如说我对他们的说话方式更感兴趣一些。"

与人交谈最为重要的，便是要说出你最真实的东西。正如牛顿所说的那样："事实能够战胜一切。"当毛雷纽克斯尝试着用地轴转动这一发现来推翻牛顿的万有引力时，艾萨克只是淡淡地说道："或许你的想法的确有一定的道理，可是却毫无实验和事实的根据。"

不过，生活里也存在着这样一些人，他们很少用言语来向人表达出自己的真实感受，在大部分的时间里，他们都沉默不语，没有受过教育的乡野村夫或者某些性格孤僻的人便属于这一类型。当你与他们在一起的时候，他们的寡言少语会让你难以忍受。这些人偶尔也会说出一两句惊人之语，可是，大多数时候，他们都可怕地沉默着。

与你共享

人们的举止应当像他们的衣服,不可太紧或过于讲究,应当宽舒一点儿,以便于工作和运动。

——[英]弗兰西斯·培根

我们总是去谈论成功,但是,什么时候我们会去谈论真实、舒适以及愉悦呢?深刻的洞察力和理解力、卓越的才能、真实的洞见,以及道德上的正直端庄,应当在人们的言谈举止当中占据核心地位。可惜的是,我们却总是同沉闷乏味、吹毛求疵以及自相矛盾的话语纠缠不清,白白浪费掉了我们大量的时间和精力。

此外我们还应注意,同人开玩笑务必要掌握分寸。适当的幽默玩笑就如同饭里的作料一样,可以让我们的生活更加的轻松和愉快。然而,过量的或者不适当的作料却会糟蹋掉一顿美餐。不要开那些空洞无聊而又令人尴尬的玩笑。一旦你的玩笑让你的同伴感到不快甚至觉得受到了羞辱,那么你的处境就不妙了。真正的妙语佳句是令人心领神会并且回味无穷的。

在与人的交流当中,我们要尽量回避那些消极的方面。永远不要用你的痛悔或者对社会和政治统治的阴暗观点去无谓地增加他人的烦忧。即使你认为谈论疾病是无伤大雅的,但你也应该尽可能地去避免这一危险的话题。要知道,你在不经意之间所说的话,很有可能会使那些正在为自己的健康过分担忧的人们感到忧心忡忡甚至耿耿于怀的。

餐桌上有一条规则,这便是完美性,即我们应当尊重每一位客人,应当让每一个人都感到舒适和满意。过分亲近一两位客人而疏远其他的客人,是一种极其不适当的做法。我们在言谈举止中要遵循以下的规则:不要扰乱他人房间的秩序,不要在背后说他人的坏话,不要当众询问他人的花费,不要侵犯他人的隐私。

在开口谈话以前,我们应当经过一番深思熟虑,避免去重复他人的观点。先思考一下自己想要说什么,假如还没有考虑清楚的话,那么索性什么都不要说。人们所关注的,是你传达出来的真正信息。当人们向你征询意见的时候,他们所希望的,并不是你手忙脚乱地去临时想答案,而是希望你能够凭借自身的经验与智慧去解决所面临的问题。我们应当避免卖弄自己的学术以及那些无谓的争论,因为,那些真正善于同人交谈的人,并不是在说出一个一个的词语,而是抓住问题的核心。

最后我们要谨记的是:风度第一,交谈第二。要知道,假如生活里没有了风度,那么也就没有了交谈的可能。

说话技巧

□ [美] 吴玲瑶

吴玲瑶 女，生于台湾金门，后加入美国国籍。台湾文化大学西洋文学研究所硕士，美国洛杉矶加州大学语言硕士。著有《美国孩子中国娘》、《女人的幽默》、《幽默酷小子》、《用幽默来拉皮》等48部作品。文章以机智幽默见长，为海外最受欢迎的畅销女作家之一。

现代人讲究说话技巧，更懂得在什么时候说什么话，对什么人说什么话和如何把话说得婉转，让想要办的事情顺利完成。然而，能够灵活应用说话的技巧是一种智慧，不是每个人都能做得好的。

先生对太太解释说："我不是忘了你的生日，而是不想提醒你。"算得上懂得听者心理的话。曾经在一个宴会里，见过一位女士坚持要某位先生猜她的年龄，在场的人都很为难，不敢多置一词，女士却说："没有关系，你说嘛，你应该有点儿概念的，不是吗？"这位男士只得开口说："我是有点儿概念，以您年轻的样子，应该减10岁；以您的智慧，又该加10岁。"这位女士听得心花怒放。

善于外交辞令的人，能够解释一切，万一穿错衣服参加葬礼，他也能说得恰如其分。懂得说话的人更能随机应变，转化尴尬的场面。有一位先生很烦太太的一个朋友常来家里说东家长道西家短。一天这人又来了，先生避到楼上去，几个小时过去了，他从楼上大声叫："我说啊，那个爱搬弄人的社交根本不是本能，也就是说，并不是为了爱社交，而是为了怕孤独。

——[德]叔本华

是非的长舌妇走了没有？”太太吓了一跳，先生怎么这么鲁莽，正不知如何是好时，忽然灵机一动，赶紧大声说：“那个长舌妇早就走了。现在在这里的是林太太。”

从小我们都被教育说话要有礼貌，懂得圆融，但真正执行起来不是那么容易，常常有出差错的时候。一位小姐不想接受某位男士的约会，想着要很礼貌地拒绝，又不知怎么说，想了半天说：“我星期日不能和你出去，那时我会有严重的头痛。”

想要赶走最后两个客人，主人得想出最婉转的话说：“和好朋友相聚，谁在乎时间？现在还早嘛！只是清晨两点27分49秒。”

另一位饭店老板不想得罪老顾客。连要他们付账都得费尽心机想该怎么说：“明天您来时，可不可以提醒我说，你今天没有付账？”这样说不知道妥当否？

中国古时候的笑话里最多的是傻女婿，因为不会讲话而留下话柄，包括有位一直讲话不得体的三女婿，太太叫他此次去丈人家一句话也不要说，他忍了很久很久都没有说，只是在回家前加了一句：“我今天可是什么都没说，如果你家死了人，可和我没有关系啊！”

一般人虽不至于如此唐突，但也难免有因为说话不当引来下不了台的时候。“那个人长得真丑，是谁啊？”没有想到隔壁有一个人回答说：“是我弟弟。”虽自以为机智地加了一句：“真的？一点儿也不像。”企图补救点儿什么，还是太迟了。

另外一个人不小心说了句：“那个女的是谁？歌唱得那么难听还唱。”“是我太太。”没想到临座有一个不该在场的人，赶紧说：“呃！对不起，其实不是她唱不好，是作词作曲的人太笨，怎么会写出这么难听的歌。”“词曲是我写的。”谁会想到还有这种越描越黑的时候。

为了避免这种尴尬，许多人讲话格外小心，学着如何不把真正的感觉说出来，能够言不由衷地说些客套话，遇到一个本应该狠狠踢他一脚的人，却用拍他肩膀的方式，讲点儿中听的好话，即使想错了，还是要讲得对，万一实在讲不出什么好话，至少态度要想办法模糊不清。会讲话中还包括知道“所以止之”，能够有“话到唇边暂忍隐，懂得三思而不言”的妙处。在发生问题前，先自己停止，更算是说话技巧的一种。

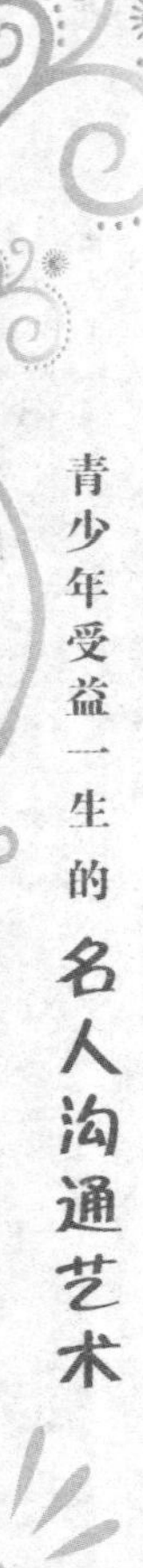

话说七分满

□(台湾)吴若权

吴若权 台湾畅销书作家，掌握幸福趋势的e时代生活家，都市男女情感心理顾问。写作领域横跨散文、小说、电脑、企管和歌词，由他和流行乐坛创作人陈飞午共同策划制作的《漂浮咖啡馆》，融合了古典的旋律与未来感的音色，是全球第一张网络概念华文唱片。

想拥有良好的消化功能，维持身体健康吗？

医生的建议是："饭吃八分饱！"享受美食，适可而止，细嚼慢咽，避免暴饮暴食，消化系统才能正常运作。

同样的道理，一个人若想拥有良好的沟通技巧，维持人际关系，请记得："话说七分满！"随时给自己转圜(huán)的空间，也给对方留点儿余地。

一位负责业务推广的同仁，习惯把话说得很满。每次顾客提出疑问时，他的态度始终如一。

"我介绍的产品最好。""绝对没有问题。""不可能会出错。""别家的东西，哪能用啊？"……

诸如此类的说辞，并非产品的票房保证，反而容易引起顾客的反感。

功能多的产品，操作比较复杂。讲究品质的产品，价格比较昂贵。任何一项产品，做得再好，也都有一定的限制，不可能完全没有缺点。把话讲得太满，效果适得其反。

顾客会很直觉地感到，这个业务人员在吹牛，或是刻意遮掩他不敢说明清楚的事，心中产生的疑虑多于被他说服的条件，生意无法成交。

从一个人说话的态度，正好可以看出他的自信程度。

把话说得很满的人，为的是表现自己很有自信。但是，真正有自信的人，懂得谦卑，不会把话说得太满。

美国遭受恐怖分子攻击时，小布什总统发表措辞强硬的声明，例如："歼灭恐怖组织，赢得本世纪第一场圣战。"这一番话的确有助于安抚无辜遭殃的灾民，提振全国的士气，但是他一下子把话讲得太满，必须再度发表许多次后续的讲话，来为不停变化的世界局势缓颊。

许多军事专家预估"9·11"事件之后的第一个周末，美军势必发动报复性的军事攻击行动。但是事情并不如预期中的顺利，小布什总统在另一次记者会中，表达复仇的决心，却要美国人民有耐性等待。

后来，这场战争果然拖了很久才正式开战，花了好几个月的时间交战，好不容易渐渐分出胜负的眉目。

不要把话讲得太满，进可攻，退可守

不论是商业人士、政治领袖，或一般人际沟通，把话讲得太满，有下列三项负面的影响：

第一，骑虎难下，双方尴尬。

以小布什发言为例，他只要说："我们决心将发动攻击的恐怖分子主谋及参与攻击行动的人绳之以法，给全世界爱好和平的人一个交代！"其实就足够了。至于后续他要如何展开复仇行动，寻求哪些国家的支持，执行军事计划，都有了"进可攻，退可守"的优势。

但是他一下子把话说得太满，举国上下都在等待他一声令下，攻击嫌疑重大的阿富汗。到了第一个周末，还未见具体的复仇行动时，说话的人和听话的人，都开始心急了。难怪他要再度召开记者会，"请美国人民要有耐心！"

第二，只会吹牛，失去信用。

敢于把话说得很满的人，常忽略其他不可操控的变量，若发生意料之外的状况，很容易令人觉得他只会吹牛，不再相信他。即使他只是比较倒霉，碰到几率只有百分之一的意外，却断送了另外99次的成功经验。不只当场糗大而已，失去信用的损失更大。

一位朋友要求搭乘同事的便车回家，只因为贪图一时的方便，怂恿驾车的同事违规左转，他一再保证："放心，不会有警察。我在这里住了20年了，从来没有在这个路口看到警察。你尽管左转吧！"

很不巧的，他们一左转就碰到警察，被拦下来开了罚单。

他为了在同事的面前，维护自己的尊严，还质问警察："你们不是从来都不会在这个路口站岗的吗？"

警察先生撕下罚单交给他时，客气地说："从上个月开始，这个路口成为上级要求加强管理的据点，我们已经在树下站好久了。"

虽然，他很有义气地负责，帮同事缴了罚款。但是，从此同事很难再相信他斩钉截铁讲的任何一句话。

第三，自信过度，失去贵人。

说得太满的话，不仅听来刺耳，也会赶走可以及时相助的贵人。原本，可能有好心的人，愿意主动伸出援手，提供协助；一旦听见自信满满的说辞，他们以为帮不上忙，就离开了。留下说话太满的那个人，自己孤军奋斗。

很久没有进城的朋友，因为计算机故障而必须跑一趟。他没有携带维修中心的电话、地址，只凭着当初购买计算机的印象就出门了，在路上他还碰到一位熟人，打招呼时自信满满地说：

"放心啦！我知道哪一家。"

错身而过之后，他才发现真的忘了路该怎么走，只好悻悻然抱着计算机回家。弄清楚正确的地址后，又重新跑一趟。

决心，可以很强烈；言语，却必须很周延

把话说得太满，并不能与自信画上等号。话说七分满，反而是一种谦虚的人生哲学。

礼貌是博爱的花朵，不讲礼貌的人谈不上有博爱思想。

——［法］儒贝尔

自信的人生，应该是在专业上尽力发挥，却不会在唇舌上争强好胜。决心，可以很强烈；言语，却必须很周延。

追求成功的行动力，应该百分之百，但是，不妨给成功留一点儿弹性的空间。毕竟，真正的赢家都会客气地承认——成功是：七分努力，三分运气。

论说话的多少

□ 朱自清

朱自清（1898~1948） 原名朱自华，号秋实，后改名自清，字佩弦。原籍浙江绍兴，生于江苏东海。现代散文家、诗人。1925年8月到清华大学任教，开始研究中国古典文学。创作以散文为主，名篇有《背影》、《荷塘月色》等。著有散文集《背影》、《欧游杂记》，文艺论著《诗言志辨》、《论雅俗共赏》等。

《圣经贤传》都教我们少说话，怕的是惹祸，你记得金人铭开头就是“古之慎言人也。戒之哉！戒之哉！无多言！多言多败。”岂不森森然有点儿可怕的样子。再说，多言即使不惹祸，也不过颠倒是非，决非好事。所以孔子称“仁者其言也讱(rèn 指言语迟钝)”，又说“恶夫佞者”。苏秦张仪之流以及后世小说里所谓“掉三寸不烂之舌”的辩士，在正统派看来，也许比佞者更下一等。所以“沉默寡言”“寡言笑”，简直就成了我们的美德。

圣贤的话自然有道理，但也不可一概而论。假如你身居高位，一个字一句话都可影响大局，那自然以少说话，多点头为是。可是反过来，你如去见身居高位的人，那可就没有准儿。前几年南京有一位著名会说话的和一位著名不说话的都做了不小的官。许多人踌躇起来，是说话好呢？还是不说话好呢？这是要看情形的：有些人喜欢说话的人，有些人却不。有些事必得会说话的人去干，譬如宣传员；有些事必得少说话的人去干，譬如机要秘书。

至于我们这些平常人，在访问、见客、聚会的时候，若只是死心眼儿，一个劲儿少说话，虽合于圣贤之道，却未见得就顺非圣贤人的眼。要是熟人，处得久了，彼此心照，倒也可以原谅的；要是生人或半生半熟的人，那就有种种看法。他也许觉得你神秘，仿佛天上眨眼的星星；也许觉得你老实，所谓“仁者其言也讱”；也许觉得你懒，不愿意卖力气；也许觉得你厉害，专等着别人的话（我们家乡称这种人为“等口”）；也许觉得你冷淡，不容易亲近；也许觉得你骄傲，看不起他，甚至讨厌他。这自然也看你和他的关系，以及你的相貌神气而定，不全在少说话；不过少说话是个大原因。这么着，他对你当然敬而远之，或不敬而远之。若是你真如他所想，那倒是“求仁得仁”；若是不然，就未免有点儿冤哉枉也。民国十六年的时候，北平有人去了一趟汉口，回来后，一个同事问他汉口怎么样。他说：“很好哇，没有什么。”话是完了，那位同事只好点点头走开。他满想知道一点儿汉口的实在情形，但是什么也没有得着；失望之余，很觉得人家是瞧不起他哪。但是女人少说话，却当别论；因为一般女人总比男人害臊，一害臊自然说不出什么了。再说，传统的压迫也太厉害；你想男人好说话，还不算好男人，女人好说话还了得！（王熙凤算是会说话的，可是在《红楼梦》里，她并不算是个好女人）可是——现在若有会说话的女人，特别是压倒男人的会说话的女人，恭维的人就一定多；因为西方动的文明已经取东方静的文明而代之，“沉默寡言”虽有时还用得着，但是究竟不如“议论风生”的难能可贵了。

说起“议论风生”，在传统里原来也是褒词。不过只是美才，而不是美德；若是以德论，这个怕也不足重轻吧。现在人也还是看作美才，只不过看得重些罢了。

“议论风生”并不只是口才好；得有材料，有见识，有机智才成——口人与人天天密切地接触，要互相付出代价的：要仅仅欣赏对方的优点，而不刺痛对方的缺点，也不被对方刺痛缺点，双方都需要有多方面的生活经验、理智和诚挚的热情。

——［俄］冈察洛夫

才不过机智，那是不够的。这个并不容易办到，我们平常人所能做的只是在普通情形之下，多说几句话，不要太冷落场面就是。——许多人喝下酒时生气时爱说话，但那是往往多谬误的。说话也有两路，一是游击式，一是包围式。有一回去看新从欧洲归国的两位先生，他们都说了许多话。甲先生从客人的话里选择题目，每个题目说不上几句话就牵引到别的上去。当时觉得也还有趣，过后却什么也想不出；乙先生也从客人的话里选题目，可是他却黏在一个题目上，只叙说在欧洲的情形。他并不用什么机智，可是说得很切实，让客人觉着有所得而去。他的殷勤，客人在口头在心上，都表示着谢意。

普通说话大概都用游击式；包围式组织最难，多人不能够，也不愿意去尝试。再说游击式可发可收，爱听就多说些，不爱听就少说些；我们这些人也许犯贫嘴到底还不至于的。要说像“哑妻”那样，不过是法朗士的牢骚，事实上大致不会有。倒是有像老太太的，一句话颠三倒四地说，也不管人家耳朵里长茧不长。这一层最难，你得记住哪些话在哪些人面前说过，才不至于说重了。有时候最难为情的是，你刚开头儿，人家就客客气气地问，“啊，后来是不是怎样怎样的？”包围式可麻烦得多。最麻烦的是人多的时候，说得半半拉拉的，大家或者交头接耳说他们自己的私话，或者打盹儿，或者东看看西瞧瞧，轻轻敲着指头想别的，或者勉强打起精神对付着你。这时候你一个人霸占着全场，说下去太无聊，不说呢，又收不住，真是骑虎之势。大概这种说话，人越多，时间越不宜长；各人的趣味不同，绝不能老听你的——换题目另说倒成。说得也不宜太慢，太慢了怎么也显得长。曾经听过两位著名会说话的人说故事，大约因为唤起注意的缘故吧，加了好些个助词，慢慢地叙述过去，足有十多分钟，算是完了；大家虽不至于疲倦，却已暗中着急。声音也不宜太平，太平了就单调；但又丝毫不能做作。这种说话只宜叙说或申说，不能掺一些教导气或劝导气。长于演说的人往往免不了这两种气味。有个朋友说某先生口才太好，教人有戒心，就是这个意思。所以包围式说话要靠天才，我们平人只能学学游击式，至多规模较大而已。——我们在普通情形之下，只不要像林之孝家两口子“一锥子扎不出话来”，也就行了。

言谈中的分寸

□ [英] 弗兰西斯·培根

弗兰西斯·培根(1561~1626) 英国哲学家,英国唯物主义和近代实验科学的始祖。第一个提出"知识就是力量"的人,被尊称为哲学史和科学史上划时代的人物。主要著作有《论说随笔文集》、《论科学的价值和发展》、《新工具》等。

有些人的讲话,只图博得机敏的虚名,却并不关心对真理的讨论。仿佛语言形式比思想实质还有价值。有些人津津乐道于某种陈词滥调,而其意态却盛气凌人。这种人一旦识破,就难免成为笑柄。真正精于谈话艺术者,是善于引导话题的人,同时又是那种善于使无意义的谈话转变方向的人。这种人可算作社交谈话中的指挥师。单调无聊的谈话会令人生厌,因此,善于言谈者心善幽默。但这种幽默,并不意味着对一切事物都可以拿来打趣。例如,关于宗教、政治、伟人以及别人的令人同情的苦恼,等等,绝不应用作话题加以取笑。在有的人看来,如果说话不够刻薄,便不足以显示自己聪明,其实这种习性应该加以根绝。正如古人关于骑术所说的:

"要紧掣缰绳,但少打鞭子。"

那些喜欢出口伤人者,恐怕常常过低估计了被伤害者的记忆力和报复心。谈话中善于提问,必能多有受益。而所提问题,如果又恰是被问者的特长,那就比直接恭维他还有利。这不仅能使听者获得教益,也能使被请教者感到愉快。但提问应当掌握好分寸，以免使询问变成盘问，使被问者难堪。

作为客厅中的主人，应当使在座的每个人都分享发表意见的机会，以免有人产生被冷落之感。遇到有人独占谈局，主人就应当设法将话题转移——还要记住，善于保持沉默也是谈话的一种艺术，因为如果你对于你有所了解的话题不动声色，那么下次遇到你所不懂得的话题，你保持沉默，人们也不会以为你无知。

关于自己个人的话题应尽量少讲，至少不要讲得不得当。我有个朋友，他总用这样的话讽刺一个自吹自擂的人，说："这人真聪明，因为他居然对自己无所不知。"人只有在这样一种形式下宣扬自己，才可以不招致反感，这就是以赞扬他人优点的形式来衬托自己的优点。

谈话的范围应当广泛，这就好比一片原野，每个人行走其中都能左右逢源；而不要成为一条单行道，只能容纳自己一个人。

谈话时切不可出口伤人。我有两位贵族朋友，其中一位豪爽好客，就是喜欢骂人。于是另一位便经常这样询问那些参加过他家宴会的人，"请说实话，这次席上难道没有人挨骂吗？"等客人谈完，这位贵族就微笑说："我早猜到他那张嘴，能使一切好菜改变味道。"

关于谈话的艺术还应当了解：温和的语言其力量胜过雄辩。不善答问者是笨拙的，但没有原则的诡辩却是轻浮的。讲话绕弯子太多令人厌烦，但过于直截了当又会显得唐突。能掌握此中分寸的人，才算精通了谈话的艺术。

你为什么不说话

□ 凌志军

凌志军 当代作家。作品有《历史不再徘徊——人民公社在中国的兴起和失败》、《交锋——当代中国三次思想解放实录》(与马立诚合作)、《呼喊——当今中国的五种声音》(与马立诚合作)和《沉浮——中国经济改革备忘录》、《联想风云》等。

凌小宁有足够的证据证明:“交流是人的本能。你如果不去开发,它就被压抑;你去开发,它就绽放开来。”

他的小儿子山山出生在美国,3岁那年,该去幼儿园了。像中国的大多数孩子一样,这孩子有些恋家,早上出门的时候总是不高兴。可是每到星期一早晨情形就不同了,他特别开心,总是大叫:“爸爸,快走快走。”“爸爸,我们要晚啦。”这让小宁很奇怪。有个星期一,他把儿子送到幼儿园后,站在一旁观察,结果发现,十几个小朋友坐成一圈,山山拿着一个玩具,绘声绘色地给大家讲故事。原来幼儿园有个规定,每天早上一个小朋友给大家讲“玩具的故事”,就是讲“我为什么喜欢这个玩具”、“爸爸妈妈怎么和我玩这个玩具”之类的事。孩子们轮流讲,每天一个人,而星期一早上轮到山山。

“这是一个很小的故事,”小宁说,“但是你能看到不少东西。第一,孩

尊重别人所尊重的人，就是尊重他本人，因为这说明我们赞成他的判断；反之，尊重他的仇敌，则是轻视他。

——[英]霍布斯

子的天性是愿意与别人沟通，愿意表达自己的；第二，美国的学校从孩子很小的时候就开始培养他们的沟通能力。”

下面这个《讨论规则》，贴在雷德蒙市史迪文森小学的教室里。在这个教室读书的孩子，不超过10岁：

1. 我的批评是针对人的想法，而不是针对人。

2. 我的目的是得到最好的和最有可能实现的结果，而不是赢得讨论。

3. 我鼓励每个同学参与讨论，并通过参与来学习。

4. 我认真倾听每个人的想法，即使是我不同意的想法。

5. 如果有人还未清晰地表达自己的想法，我会请他重新叙述，并且努力理解他。

6. 我在作出判断之前，会听取每一种观点。

7. 如果有证据证明我应改变自己的想法，那么我将改变。

看来事情真的像周克所说：“美国的孩子从小就学习争吵，学习如何表达自己的想法，也学习如何理解别人的想法。他们长大以后，当总统要辩论，当议员也是辩论，在公司里做一个职员，也要表达自己的想法。所以这是每一个学生应当学习的才能。”

那些在美国有过留学经历、又来到微软工作的中国学生，有个共同的体验：中国学生最大的弱点之一，是不会表达自己和理解别人。他们来到异国他乡，在开始的时候，大都以为自己的不善交流是因为受制于语言。可是等到语言已经纯熟，还是不能很好地与人交流，于是反过来思考自己的全部读书经历，发现在那条漫长的道路上，的确是缺少了一样东西，那就是学习沟通。

下面是几个在美国微软公司总部工作的中国人的感受：

“你要说交流的能力从哪里来，我认为第一是思维能力和思维习惯，这跟语言没有关系。”韩这样说，“第二才是语言能力。”几年前，韩曾在几十个应聘者中脱颖而出，进入麦肯锡公司，后来又在几十个应聘者中脱颖而出，进入微软公司。他把这些全都归功于他的表达自己的能力。

“在美国，一个工程师和一个经理的区别有两个，一个是沟通能力，一个是领导才能。”潘正磊说，“中国人都很勤奋，但是他们整天不说话，就是完成老板交给的事情，很少想到除此之外还能做什么。”她列举微软公司

雇员中的一千多个中国人,从普通工程师升迁到经理位置的人极少,最主要的原因,是“中国人太含蓄,不擅与人交流”。

“我们总是教育孩子‘要听话’,不要抢着说话,要让大人先说。”周克说,“如果是在单位,那就要让资格老的人先说。老张还没说话呢,有你说话的份吗?这样一来,把中国的孩子弄得个个毕恭毕敬,其实这是害了孩子。”

周克现在是微软公司视窗检测技术小组的总监。过去这些年里,此人之所以能不断升迁,除了技术,就是学会了与人沟通。刚来微软的时候,他和大多数中国学生一样,开会一声不吭。有一天老板问他:“你是不是蠢?”

周克说:“不蠢啊!”

老板说:“为什么你开会不说话?”

周克说:“我刚来,觉得自己应该谦虚。”

老板说:“我不需要你的谦虚,我需要你的想法。”

从那以后,周克花了很大力气来改正这一点。“这个老板给了我启蒙的一课。”他这样说。

现在,总是有些来自中国的工程师问他:“我很努力,怎么就升不上去啊。”

他只问他们一句:“你开会的时候说话吗?”

礼貌是后天造就的好脾性，它弥补了天性之不足，最后演变成一种近似真美德的习惯。

——[美]杰斐逊

谈话的艺术

□ 梁实秋

梁实秋(1902~1987) 原名治华，生于北京，浙江杭县(今余杭)人。现当代散文家、文学评论家、翻译家。毕业于清华大学，曾留学美国。先后任教于北京大学等校。创作以散文小品著称，以《雅舍小品》为代表作。主要著作有文学评论集《浪漫的与古典的》、《文学的纪律》，译著《莎士比亚全集》等。主编《远东英汉大辞典》。

一个人在谈话中可以采取三种不同的方式，一是独白，一是静听，一是互话。

谈话不是演说，更不是训话，所以一个人不可以霸占所有的时间，不可以长篇大论地絮聒不休，旁若无人。有些人大概是口部筋肉特别发达，一开口便不能自休，绝不容许别人插嘴，话如连珠，音容并茂。他讲一件事能从盘古开天地讲起，慢慢地进入本题，亦能枝节横生，终于忘记本题是什么。这样霸道的谈话者，如果他言谈之中确有内容，所谓"吐佳言如锯木屑，霏霏不绝"亦不难觅取听众。在英国文人中，约翰逊博士是一个著名的例子。在咖啡店里，他一开口，老鼠都不敢叫。那个结结巴巴的高尔斯密一插嘴便触霉头。Sir Oracle 在说话，谁敢出声？约翰逊之所以被称为当时文艺界的独裁者，良有以也。学问风趣不及约翰逊者，必定是比较的语言无

味，如果喋喋不已，如何令人耐得。

有人也许是以为嘴只管吃饭而不作别用，对人乃钳口结舌，一言不发。这样的人也是谈话中所不可或缺的，因为谈话，和演戏一样，是需要听众的，这样的人正是理想的听众。欧洲中古时代的一个严肃的教派Carthusian monks以不说话为苦修精进的法门之一，整年不说一句话，实在不易。那究竟是方外人，另当别论，我们平常人中却也有人真能寡言。他效法金人之三缄其口，他的背上应有铭曰："今之慎言人也。"你对他讲话，他洗耳恭听，你问他一句话，他能用最经济的词句把你打发掉。如果你恰好也是"毋多言，多言多败"的信仰者，相对不交一言，那便只好共听壁上挂钟之滴答滴答声了。钟会之与嵇康，则由打铁的叮当声来破除两人间之岑寂。这样的人现代也有，相对无言，莫逆于心，吧嗒吧嗒地抽完一包香烟，兴尽而散。无论如何，老于世故的人总是劝人多听少说，以耳代口，凡是不大开口的人总是令人莫测高深；口边若无遮拦，则容易令人一眼望到底。

谈话，和作文一样，有主题，有腹稿，有层次，有头尾，不可语无伦次。写文章肯用心的人就不太多，谈话而知道剪裁的就更少了。写文章讲究开门见山，起笔最要紧，要来得挺拔而突兀，或是非常爽朗，总之要引人入胜，不同凡响。谈话亦然。开口便谈天气好坏，当然亦不失为一种寒暄之道，究竟缺乏风趣。常见有客来访，宾主落座，客人徐徐开言："您没有出门啊？"主人除了重申"我没有出门"这一事实之外没有法子再作其他的答话。谈公事，讲生意，只求其明白清楚，没有什么可说的。一般的谈话往往是属于"无题"、"偶成"之类，没有固定的题材，信手拈来，自有情致。情人们喁喁私语，总是有说不完的话题，谈到无可再谈，则"此时无声胜有声"了。老朋友们剪烛西窗，班荆道故，上下古今无不可谈，其间并无定则，只要对方不打哈欠。禅师们在谈吐间好逞机锋，不落迹象，那又是一种境界，不是我们凡夫俗子所能企望得到的。善谈和健谈不同，健谈者能使四座生春，但多少有点霸道，善谈者尽管香灿莲花，但总还要给别人留些说话的机会。

说的内容总不能不牵涉别人，而所谓人，则不是别人便是自己。谈论别人则东家长西家短全成了上好的材料，专门隐恶扬善则内容枯燥听来乏味，揭人隐私则又有伤口德，这其间颇费斟酌。英文 gossip 一字原意是"教父母"，尤指教母，引申而为任何中年以上之妇女，再引申而为闲谈，再引申而为飞短流长，而为长舌妇，可见这种毛病由来有自，"造谣学校"之缘起亦在于是，而且是中外皆然。不过现在时代进步，这种现象已与年纪无关。谈话而专谈自己当然不会伤人，并且缺德之事经自己宴扬之后往往变成为值得夸耀之事。不过这又显得"我执"太深，而且最关心自己的事的人，往往是自己。英文的"我"字，是大写字母 I，有人已嫌其夸张，如果谈起话来每句话都用"我"字开头，不更显着是自我本位了么？

在技巧上，谈话也有些禁忌。"话到口边留半句"，只是劝人慎言，却有人认真施行，真个的只说半句，其余半句由你去揣摩，好像文法习题中的造句，半句话要由你填充。有时候是光说前半句，要你猜后半句，有时候是光说后半句，要你想前半句。一段谈话中若是破碎的句子太多，在听的方面不加整理是难以理解的。费时费事，莫此为甚。我看在谈话时最好还是注意文法，多用完整的句子为宜。另一极端是，唯恐听着印象不深，每一句话重复一遍，这办法对于听者的忍耐力实在要求过奢。谈话的腔调与嗓音因人而异，有的如破锣，有的如公鸡，有的行腔使气有板有眼，有的回肠荡气如怨如诉，有的于每一句尾加上一串咯咯地笑，有的于说完一段话之后像鲸鱼一般喷一口大气，这一切都无关宏旨，要紧的是说话的声音之大小需要一点控制。一开口便血脉贲张，声震屋瓦，不久便要力竭声嘶，气急败坏，似可不必。另有一些人的谈话别有公式，把每句中的名词与动词一律用低音，甚至变成耳语，令听者颇为吃力。有些人唾腺特别发达，三言两句之后嘴角上便积有两滩如奶油状的泡沫，于发出重唇音的时候便不免星沫四溅，真像是疾唾珠玑。人与人相处，本来易生摩擦，谈话时也要保持距离，以策安全。

使说出的话达到更好的效果

□ [古波斯] 昂苏尔·玛阿里

昂苏尔·玛阿里（1021~1101） 古波斯齐亚尔王朝伊斯兰学者。其作品《卡布斯教诲录》，被誉为“伊斯兰哲理和道德箴言集”、“伊斯兰文明的百科全书”。

语言能产生正、反两方面的效果，要既能把自己的意志表达出来，又知道怎样说才适当。假如想怎么说就怎么说，而不管恰当与否，那就和八哥这种鸟一样。八哥就是只鸣其音而不知其意。只有知道该怎样说，为什么要那样说的人，才叫聪明人。他们不论说什么都会动听，为人接受。乱说一气，其实是徒有人形，与畜生无异。

语言是苍天所赋予的，应当予以珍重。该说的时候，要大胆说出，不要忸怩。不该说的时候，则缄默不语，绝不卖弄学问。但所说的必须真实可信，不要废话连篇，华而不实。对自己不了解的事情，不要瞎说。不要依靠自己所不熟悉的知识或技能去养家糊口。硬去干自己所不懂得的事情，便达不到这个目的。

凡事不要过分，过分会带来危害。不论做什么事情都要适可而止。谈吐应答时，态度应当稳重。如果不养成稳练、持重的作风，就难免染上轻率浮躁的习气。不要打听同你无关的秘密；而对自己的秘密，一定要严守。因为只要你一吐口，便不能称之为秘密了。当无关的人在场时，不要谈论秘密。因为内部谈的可能都是好话，而外人却会认为这是恶语，于是以讹传讹，引起误解。

对每一件事情，都要按照其本身的价值，如实谈论。不论说什么，都应当有根有据。不论对谁谈话，都应当诚实可信。如果不想使自己陷入尴尬处境，那就对任何事情也不要去当面对证。到了对证时，要尽量回避；只有在不得已时才出面。

不管旁人说什么话，都要耐心地听，而不要急于照办。不论说什么，都不要不假思索地脱口而出。一定要在深思熟虑之后再说，以免说出后又懊悔。总之，先思而后言，说明一个人的成熟。

不管听到什么话都不要气恼，哪怕同你的实际情况并不相符。这样才不会堵上谈论你的大门。因而，你也就能从中吸取有益的成分。对任何人说话，都不要冷冰冰的。冰冷的语言往往撒播下对你仇恨的种子。即使你学识渊博，也要把自己看作无知，以使求知的大门永不关闭。假如还不了解他人的话语是正确还是谬误，就不要轻率地给予肯定或者否定。

谈话要看对象，对特殊人物和一般平民要有所区别，以便使你的话更有说服力，而不使听者讨厌。就是在一般场合，并不是专门摆事实、讲道理的时候也应如此。这样才能切合听者的口味，产生效果，而不至于白费口舌。

说　话

□王　力

王力(1900~1986)　字了一,广西博白人。著名语言学家,中国现代语言学的奠基人之一。他在半个多世纪的教学生涯中,培养了一批又一批语言学专门人才,为中国语言学事业的发展作出了重要贡献。还翻译出版过20余种法国小说、剧本;抗战期间,写了大量散文。

说话是最容易的事,也是最难的事。最容易,因为三岁孩子也会说话;最难,因为擅长辞令的外交家也有说错话的时候。

会说话的人不止一种:言之有物,实为心声,一謦(qǐng)一欬(kài),俱带感情,这是第一种;长江大河,源远莫寻,牛溲马勃,悉成黄金,这是第二种;科学逻辑,字字推敲,无懈可击,井井有条,这是第三种;嬉笑怒骂,旁若无人,庄谐杂出,四座皆春,这是第四种;默然端坐,以逸待劳,片言偶发,快如霜刀,这是第五种;期期艾艾,隐蕴词锋,似讷实辩,以守为攻,这是第六种。这些人的派别虽不相同,实有异曲同工之妙。普通喜欢用"口若悬河"四个字来形容会说话的人,其实这是很不恰当的形容语。泼妇骂街往往口若悬河,走江湖卖膏药的人,更能口若悬河,然而我们并不承认他们会说话,因为我们把这"会"字的标准定得和一般人所定的不同的缘故。

应酬的话另有一套,有人专门擅长此术。捧人捧得有分寸,骂人骂得有友善的言行、得体的举止、优雅的风度,这些都是走进他人心灵的通行证。

——[英]塞缪尔·斯迈尔斯

含蓄,自夸夸得很像自谦,这些技巧都是可以意会,而不可以言传的。尽管有人讨厌"油嘴"的人,但是实际上有几个人能不上油嘴的当?和油嘴相反的是说话不知进退,不识眉眼高低。想要自抬身份,不知不觉地把别人的身份压低;想要恭维别人,不知不觉地使用了一些得罪人的语句。这种人的毛病在于冒充会说话,终于吃了说话的亏。我有一次听见某先生恭维一位新娘子说:"人家都说新娘子长得难看,我觉得并不难看。"这种人应该研究十年心理学,再来开口恭维人!

有些人太不爱说话了,大约因为怕说错了话,有时候又因为专拣有用的话来说。其实这种人虽是慎言,也未必得计。越不说话,就越不会说,于是在寥寥几句话当中,错误的地方未必比别人高谈阔论里的错误少些。至于专拣有用的话来说,这也是错误的见解。会说话的人,其妙处正在于化无用为有用,利用一些闲话去达到他的企图。会着棋的人没有闲着,会说话的人也没有闲话。

有些人却又太爱说话了,非但自己要多说,而且不许别人多说。这样,就变成了抢说。喜欢抢说的人常常叫人家让他说完,其实看他那滔滔不绝的样子,若等他说完真是待河之清!这种人似乎把说话看作一种很大的权利,硬要垄断一切,不肯让人家利益均沾。偶然遇着对话的人也喜欢抢说,就弄成了僵局。结果是谁也不让谁,人家都只管说,不肯听,于是说话的意义完全丧失了。

打岔和兜圈子都是说话的艺术。打岔往往是变相的不理或拒绝。"王顾左右而言他",梁惠王就这样给孟子碰过一回钉子。兜圈子往往是使言语变为委婉,但有时候也可以兜圈子骂人。兜圈子骂人就是"挖苦"人;说挖苦话的人自以为绝顶聪明,事后还喜欢和别人说起,表示自己的说话艺术。但是,喜欢"挖苦"的人毕竟近于小人,因为既不大方,亦不痛快。

说话的另一艺术是捉把柄。人家说过了什么话,就跟着他那话来做自己的论据。这叫做"以子之矛,刺子之盾",往往能使对方闭口不言。不过,如果断章取义,或故意曲解,也就变为无聊了。

上面所说的打岔、兜圈子和捉把柄,相骂的时候都用得着。打岔是躲避,兜圈子是摆阵,捉把柄是还击。可惜的是:相骂的人大多数是怒气冲冲,不甘心打岔,不耐烦兜圈子,忘了捉把柄。由此看来,骂人决胜的条件

是保持冷静的头脑。泼妇和人相骂往往得胜，并不一定因为她特别会说话，只因她把相骂当做一种娱乐，故能“好整以暇”，不至于被怒气减低了她平日说话的技能。

说话比写文章容易，因为不必查字典，不必担心写白字；同时，说话又比写文章难，因为没有精细考虑和推敲的余暇。基于这后一个理由，像我这么一个极端不会说话的人，居然也写起一篇“说话”来了。

第三辑 理解万岁

一位父亲说，儿子上了初中以后，和他越来越没有话说了，父子之间仿佛“隔着一堵墙”。由于年龄的差异，父母不理解孩子是很正常的事，就像孩子无法理解父亲为什么那么关心股票和政治，母亲为什么总为她的肥胖唉声叹气一样。

理解要求我们与父母双方能够设身处地地为对方着想。当我们能够与父母良好地沟通时，我们就能够更好地理解父母。当父母能够理解我们关注的东西和思维方式时，才能进入我们的内心世界。在爱的世界里，最重要的不是对与错，而是互相理解。

约 会

□[美]约翰·哥特曼　乔恩·德克莱尔

约翰·哥特曼　哥特曼机构创建人，华盛顿大学心理学系教授。他是“奥普拉·温弗瑞脱口秀”、“早安美国”等美国热门电视节目的常驻嘉宾。主要作品有《婚姻七原则》、《提升孩子的情感智商》等。

乔恩·德克莱尔　自由作家，主攻心理学领域。与约翰·哥特曼合作出版《人的十张面孔》等研究心理学和人际关系的畅销书。

罗杰是个推销员。他在旅途上花的时间之多，令他生厌。他每次旅行回家时，都会问候女儿汉娜。女儿现在13岁了，好像又长高了一英寸。

每当罗杰说“我想你”时，汉娜都深信不疑，因为她一直能感受到父亲讲话的方式。后来，她开始上中学，那种感觉正在悄然流失。需要思考的事情也太多了：朋友、学校的方案、田径队，以及明年就读的高中，当然，她爱着父亲。然而，在她的议程中，父亲再不能占首要位置了。

一天晚上，在罗杰乘飞机赶回家的途中，他看到明月剧场的广告：无动物马戏团将组织演员精英和街头剧丑角同台献艺。罗杰心忖：票价虽然是天价，但是汉娜肯定会喜欢，尤其是有“无动物”的内容。近来，女儿一直大谈特谈动物权。他撕下广告，夹在袖珍书中。

第二天早上在用餐时，他说：“喂，宝贝儿，那种叫明月剧场的演出，你听说过吗？”

“没有。”

“好哇，那可是类似马戏团的表演。”

“老爸，你知道我对马戏团的看法吗？”

“不，这个马戏团与众不同。没有动物，更像戏剧，有许多杂技和服饰表演。假如真是这些内容，我认为你肯定喜欢。”

“嗯……或许吧！”

“广告装在我夹克衫衣兜里，把它拿来。”他指着那地方说。汉娜这时颇感兴趣，照着做了。

“哦……好像有点儿酷嘛。”说着，她认真阅读起内容。

“所以，我认为我得去买票。”罗杰说，“就咱们两人，星期六晚上。”

“星期六？”

“是啊，你有重要的约会之类的？”罗杰打趣地说。

“嗯，那天晚上，雷切尔·伊恩莉要举办睡衣晚会。”

“哦，她随时都可以搞睡衣晚会。”罗杰和蔼地说，“再说，在马戏团到这儿巡演期间，我只有一个晚上可以进城。”

“但是我真想参加雷切尔的聚会……”

“宝贝儿，这类聚会对你们女孩子来说，几乎每个周末都有。”

“不对，我们没有。”

“好吧，行了吧！不是每个周末都有。但是我想，咱俩一起看节目，这事有点儿特别含义。”

“但是，那天晚上我不想去。”

“因为你的朋友更重要？”

“不是。只不过雷切尔·伊恩莉从没邀请过我参加她的聚会，而且……”

“明白。如果你认为这更具优先性，也好，去吧！”

“所以，我现在不知所措。”

“别这样，你别不知所措。我只是有些失望罢了，就这样，我们长时间在一起的机会并不多。”

“或许我错了。”

“不，你没错，谁都没错。忘掉吧，忘了我的提议，去参加你那该死的睡衣晚会吧。”

见到这种结果，罗杰将广告揉成一团，汉娜噙着眼泪离开饭桌。这幕对话并不符合罗杰头脑中的设计。

此事能产生不同的结果吗？我们来看看，以汉娜给罗杰讲雷切尔的睡衣晚会为起点，开始续写。

“哦，她随时都可以举办睡衣晚会。”罗杰和蔼地说，“再说，马戏团来这儿巡演期间，我只有一个晚上可以进城。”

“但是我真想参加雷切尔的聚会……”

“谁的聚会？”

“雷切尔·伊恩莉。这女孩子是新来的，达娜总和她在一起，因为达娜认为她好酷呢。”

“你说的达娜，是你最要好的朋友达娜？”

“对。达娜时常在那儿过夜。凯利和劳拉也一样。”

“哦，雷切尔第一次邀请你参加她们的聚会？”

“对。”

“所以，你认为赴聚会更重要，因为你的确想与达娜、凯利和劳拉在一起？”

“对。我一直感到她们不太喜欢我，但是我认为雷切尔还不太了解我。我真的想去那儿。”

“这与演出时间重叠在同一个晚上，我有些失望。”

“我也一样。好像这种表演的确没有动物。老爸，最棒的是你能想到带我去。”

“我的确想带你去。但是我们可以设计出些其他活动，再求共聚。比如，星期六白天。”

“真的？”

“对。这样，你也可以赴雷切尔的聚会了。”

“你可以带妈咪一块儿去看马戏。我敢打赌，她一定也会喜欢。”

“我想你说得对，这主意不错。现在，你负责设计星期六下午我们在一起的内容。就我们两人，行吗？”

“行，谢谢老爸。”

罗杰没带汉娜去明月剧场。但是他得到了传递示意所追求的东西：和女儿在一起的一次机会。不仅如此，他还获得另一个机会，去做别的父母极少做到的某些事情：如向汉娜表示，他有兴趣关注她的世界，他的确能理解她的感情。这就叫做感情沟通。

站在父母和孩子之间的栅栏

□ [美] 艾米丽·雷格

艾米丽·雷格(1901~1950) 女，美国著名青少年文学作家、心理学家。长期从事青少年问题的研究，主要作品有《路琪和她的朋友》、《从废墟上开始》等。她根据数万青少年的来信编写而成的《孩子们的秘密书信》，真实地展现了青少年的内心世界，被誉为“跨越代沟的桥梁”。

一位父亲在给我的信中说，儿子上了初中以后，和他越来越没有话说了，父子之间仿佛“隔着一堵墙”。事实上，这并不是他一个人的感受。

我从咿呀学语直到长大成人，始终能感觉到父母那浓厚的爱，但同时又觉得父母不理解我。我从小就认为，由于年龄的差异，父母不理解孩子是很正常的事，就像我无法理解父亲为什么那么关心股票和政治，母亲为什么总为她的肥胖唉声叹气一样。

后来，我自己也做了母亲，又觉得孩子太不理解父母了，常常为他们不愿意接受正确的指导而生气。有一个时期,这个问题使我的家庭出现了危机。儿子吉米本来是个有话就说的孩子,但他上了中学以后,有一段时间变得非常沉默。有时候,我从他的眼神里感觉到,他在生我的气却又不肯表现出来。或者说他已经表现出来了——通过沉默。有一次,我的邻居巴尔逊太太告诉我,吉米曾经向她儿子透露,他不愿意和我说心里话,因为他觉得我只愿意听好消息,他要是把心里话全对我说出来,我一定会很伤心。

这让我感到很惭愧,作为一个心理医生,我在告诉别人该怎么做的同时,却不能很好地和自己的儿子沟通。从那以后,我开始以一个心理医生,而不是一个普通母亲的角度来观察吉米的言行。结果我发现,要想知道孩子的想法,不一定非得通过语言,有时候,观察他的行动比听他说更能了解他。了解无疑是非常重要的,因为没有了解就谈不上理解,而理解又是解决家庭问题的前提。

你愿意理解他们吗？下面是一些比较有代表性的来信，读了这些信，也许我们会对孩子们的想法产生新的认识。

亲爱的艾米丽:

我有很多不顺心的事,所以给你写信。我已经11岁了,我发现妈妈对我不像以前那么亲了。我要上学,她要上班,我们每天见面的时间不多,她下了班总是喊累,懒得和我说话。但以前她不是这样的,以前她多疼我啊,现在怎么成了这样了?

我真的好担心,不知道怎么才能把心里话告诉她,现在我想问问你,请原谅我的打扰。我爸爸就更别提了,我什么话都不好意思跟他说。我真担心,这样下去我和他们都快成了陌生人了。

珍妮　11岁

亲爱的艾米丽:

我13岁，上八年级。我的成绩在班上算好的，但不管怎么样,爸爸总是对我不满意。如果我得了哈博历史奖,他就会说:“我看啊,你的数学永远都别想拿奖。”如果我的考试成绩在全年级排在第二名，他就问我："你怎么就排不到第一呢？"他恨不得我是个完人，样样都好。为了不让他唠叨，有时候我只好骗他。

罗伯特　13岁

亲爱的艾米丽：

我是澳大利亚人，叫露西娅。我的名字很难听，像个寡妇。别人一喊这个名字我就心烦。如果他们都叫我多莉该多好啊，就像电影里的名字，透着一股勇敢劲儿。我不想做个普通人，我想做一个美丽的怪脾气女孩，就像电影里那样。可是我爸爸妈妈都不理解我，还是叫我露西娅。在我们这里，露西娅实在太多了，爸爸妈妈根本看不出我和别的露西娅有什么不同。

露西娅　10岁

亲爱的艾米丽：

我爸爸是远洋轮船上的船长，我觉得很对不起他，因为他每次出海我都很少想念他。我是不是太无情了？

他休假时，好不容易在家里住几天，我又不知道和他说什么好了。除了问问我的学习成绩，他好像对我的一切都不感兴趣，你能和我谈谈吗？

罗斯皮尔　13岁

亲爱的艾米丽：

我上六年级。自从妈妈生了个小弟弟，我就成了家里的奴隶了。我今年才10岁，爸爸妈妈整天要我做这做那，恨不得要我把所有的家务活儿都包下来，我放学回来后得擦窗子、喂狗，星期天还要剪草。可是我要准备考试，要做作业，哪里还有时间呢？

我向他们解释过，可他们说我是在为偷懒找借口。我和朋友们说了这件事，他们也想不出什么解决的办法来。我该怎么办才好？你能帮我出个主意吗？

刘易斯　10岁

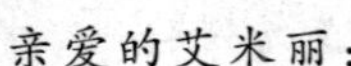

亲爱的艾米丽：

有一件事我要告诉你。如果我有什么事做得好，我的爸爸妈妈从来不会夸我。但只要我做错一点儿什么，他们立刻就会挖苦我，说我是个白痴，胖得像个大冬瓜，脾气倔得像头驴，等等。我听了特别难过，我觉得他们从心里就不喜欢我。不说了，我真的需要你的帮助。

利博尔　12岁

父母都希望自己的孩子是最优秀的，但如果这种愿望在孩子们面前表现出来的话，就会给孩子带来很大的压力，结果往往适得其反。一般来说，孩子都有好胜之心。许多孩子之所以对父母撒谎，是因为他们不想让父母失望。如果辜负了父母的期望，孩子们就会觉得很惭愧。但孩子并不是超人，不可能各方面都优秀，如果不能让父母满意，往往只好用撒谎来哄他们高兴，可是事后又会有一种负罪感，因为那毕竟是欺骗了最爱他们的人。

我小时候就对母亲撒过类似的谎，直到今天，我一听到达琳这个名字，仍然心有余悸。达琳是邻居家的孩子，和我同班。在我整个小学期间，我母亲整天对我说："你要是像达琳那样该多好啊！"在她眼里，达琳简直是完美的化身，她是完美无缺的女儿，十全十美的学生，长大了必将是个完美的公民。

我母亲最津津乐道的是，达琳从不给她的父母添麻烦，而且还能为父母分忧解愁。现在想来，当时我母亲只不过是把达琳理想化了，她所塑造的那个达琳是不真实的，她只是希望我能符合她的理想。事实上，她并没有因为我不符合那个形象而不爱我，但年少的我并不明白这一点，每次母亲一提到达琳我就会暗暗生气，甚至开始恨达琳。我常常幻想达琳大祸临头，身败名裂。在这种幻想中，我仿佛看见报纸的头版出现了这样的标题：达琳考试不及格，达琳在舞台上演奏小提琴时拉错了音符，达琳因偷香肠被警察送进了感化院。

孩子们如果认为父母不喜欢他们，他们的内心是很痛苦的。有个叫贝

对别人述说自己，这是一种天性。因此，认真对待别人向你述说他自己的事，这是一种教养。

——[德]歌　德

蒂的11岁女孩对我说，她母亲不喜欢她，因为她的眼睛是灰色的。当我和她母亲交谈时，她母亲断然否认这一点；不过她承认，她希望女儿的眼睛是蓝色的，但绝不会因为不是蓝色而不喜欢她。

我小时候，母亲常说我不能理解父母的苦心。她说得不错，孩子们确实只关心与他们紧密相关的事情，就像贝蒂只关心她妈妈对她长相的看法一样。孩子们并不像我们想象的那样，什么也不知道，事实上他们能非常敏锐地捕捉到父母的好恶，并且深受影响。

如果父母总是对孩子感到失望，相应的，孩子也会对父母感到失望。孩子们出于一种隐秘的怨恨，有时会幻想父母遭到不幸。这当然并不说明孩子不爱自己的父母，幻想只是排遣的需要，在无法和父母坦诚交流的情况下，这也许是解除心理压力最有效的办法了。一旦家里真的遇到了不幸，有过那种幻想的孩子又会感到十分内疚，以为不幸是自己导致的。

我小时候就有过那样的幻想，也受到过负罪心理的折磨。其实那是因为我不敢公然表达自己的气愤，才会去幻想灾祸。我当时总觉得母亲喜欢不问青红皂白就指责我。比如有一次，我的朋友来我家玩时，在客厅里被地毯绊了一下，把桌上的一盆汤打翻了，汤水全流到了地毯上。事后母亲就开始数落我，我觉得特别委屈。多年以后我才明白，母亲当时也知道那件事不能怪我，她并没有真的生我的气，她只是对清洗地毯感到烦恼。但在我幼小的心灵里，却感到自己无端受到了指责。

我的女儿露西性格很像我，有委屈不愿当面说出来。我发现这一点后，就鼓励她如果有什么不满，就给我写一封信，写什么都可以，我绝不会生气。后来她一遇到什么不顺心的事，就把自己的烦恼和想法写在信里，从门下塞进我的卧室。通过这种方式，她的怨气得到了发泄；而我通过读信，也了解了她的很多想法。

儿子吉米的性格像他爸爸，什么事都喜欢直来直去，有什么不快全都挂在脸上。他特别生我的气时，就会大喊大叫，对着沙发拳打脚踢，等他发泄完了，我们也就讲和了。直到现在他还是有话就说，当然脾气比小时候已经好多了。

回想自己的童年，我真希望那时候我敢于表达自己的愤怒，真希望那时候我就知道，就算我表达了自己的不满，父母还会一如既往地爱我。

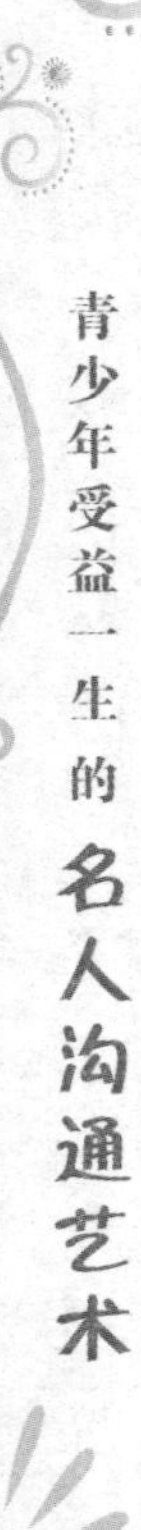

理解万岁

□ [德] 卡尔·威特

卡尔·威特 19世纪德国著名的天才。在父亲老卡尔·威特的教育下，八九岁就能自由运用德语、法语等6种语言，9岁考入莱比锡大学，14岁被授予哲学博士学位。后在大学任教，深受欢迎。晚年写出《卡尔·威特的教育》续编，为其父亲的教育理念提供了佐证。

许多家庭问题的发生，如家庭成员之间情感的疏离和冷漠、孩子性格心理上的缺陷，等等，都与家庭中的沟通有关，往往起源于相互之间不能很好的理解。

就拿孩子的撒谎行为来说，很多时候就是因为孩子感到与父母处于不平等的地位，经验告诉他们，父母不愿意与孩子共同探讨有些事情该如何对待，不愿意去理解孩子们做的某些事，而会对他们所犯的错误给以严厉的叱责，所以孩子们就选择不把真话说出来。

父亲认为，成功的家庭沟通，应该注意以下因素：理解、关怀、接纳、信赖和尊重。理解要求父母孩子双方能够设身处地地为他人着想；关怀不但存在于内心，更要切实付诸行动；接纳要求考虑到每个人的个性特点，懂得欣赏人们身上的优点；信赖是要做到既信任别人也信任自己；而尊重是指尊重他人特别是孩子的权利，尊重孩子们的意见和选择。

当你思考准备说什么的时候，就做出一副彬彬有礼的样子，因为这样可以赢得时间。

——[英]戴尔·卡罗尔

要建立一种积极健康的家庭沟通交流关系，应该改变父母是决策人，孩子是接受者这样僵化的家庭角色的分配。父母在家庭教育中应该懂得进行角色交换，每一个家庭成员都可以对他表述的愿望予以积极的辩解。当孩子能够参与讨论家里的通常是成年人的问题时，他们方能够更好地理解父母；而父母一方面可以调动孩子的主动性，使自己清楚地认识孩子的才干，另一方面也可以得到有关自己教育的反馈信息。

由于某种原因，我叔叔的孩子维尔纳曾来我家住过一段时间。他比我小一岁，是我的弟弟。维尔纳非常可爱，我父母都很喜欢他。由于他住在我们家，父母不想让他有不自在的感觉，所以我母亲对维尔纳极为疼爱。这样一来，我就觉得母亲的爱都转到了维尔纳身上。

我在一段时间里认定，在我和弟弟维尔纳的争执中，母亲总是偏袒维尔纳。这是小孩子很容易产生的情绪，即认为父母的关怀被弟弟分享而产生的不平衡的心理。我的母亲希望我在与维尔纳的相处当中，学会调整自己的心态和举止，消除对别人的敌意，学会照顾别人，以后才能处理好与别人交往的问题。但是面对我的气恼，母亲并没有直接用道理来教训我，或是问我："为什么要跟比自己小的弟弟过不去？"而是郑重地对我们说："我给你们提个建议，以后你们自己要搞好团结，我不干预，你们已经是有理智的孩子了。卡尔，你是不会在感情上伤害弟弟的，对吗？如果你们俩还不团结，再来找我好了。"这样，母亲就把一个关心、照顾的角色交给了我。在这以后，我和弟弟维尔纳之间有了更加亲密的手足之情。母亲的提醒使我意识到自己的责任，感受到自己是这家里负责任的一员，从而变得渐渐成熟起来。在这以后，我对弟弟维尔纳百般照顾，除了陪他玩还教他读书，并给他讲有趣的故事。

有的时候父亲看到我的问题，希望我可以主动地认识到，并真正地予以纠正，于是也让我来做一个决策者。父亲来问我："现在有这样的麻烦，我们应该怎么办？"父亲认为这样的做法更有利于建立他与我之间的感情，更加有利于增进双方的相互理解。只要双方有了理解，那么一切问题都会迎刃而解。

有一次，我和弟弟维尔纳商量好要到田野中去玩。父亲同意了我们的做法，但是要求必须在傍晚之前回来。可是我们可能玩得太尽兴，天黑之

后才回到家。对于我们未在规定时间里准时回来的事，父亲当时并没有说什么。等我们再次提出类似的要求时，父亲对我说："有件事令我和你的母亲很担忧，就是在约定好的时间里你们没有回来。那天可把我们急坏了，不知道究竟发生了什么事，你母亲都快要急哭了。你看应该怎么办呢？"由于我们亲自参与对问题的决定，所以我就会很自觉地按照要求去做。后来，再也没有发生过我不守时的事。

父亲认为，通过一个现象问题的共同协商，父母最后想让孩子明白的是"理解、信任、承诺、准时"等观念的重要。通过协商的方式，最容易让孩子站在他人的立场上思考，也最容易让孩子养成理解他人的习惯。如果面对上述的那些情况，父亲并没有采用协商的方式，而只是斥责。那么我就很可能不会真正理解父母的一番苦心，甚至还会向相反的方向发展，会变得越来越不听父母的话。

在一次家庭会议上，我们全家人讨论了我的设想，我计划能够在一个周末搞一次野炊，我想尝试发挥以往由父亲发挥的职能。我选定了野炊的地点，宣布出发的时间，并且对准备的食品提出建议。父亲和母亲有时加以表决，以推动计划的进一步展开，大家还不断地在本子上记下些什么。在家庭会议中，他们对我的想法也有一些不同的意见，但他们并不急于提出批评，而是以某种巧妙的方式，让我自己作出正确的决定。

父亲认为，沟通和理解是最重要的。家庭中对沟通技能、方法的掌握及学习，与孩子未来社会适应能力的高低紧密相连。如果一个孩子从小在家庭中学会了与家庭成员沟通的技巧，当他步入社会时，他也能很快地与他人沟通。

更重要的是，与他人沟通是建立在互相理解的基础上的。如果没有人与人之间的相互理解，那么每个人都固执地从自己的角度出发，认为自己永远对而别人总是错误的。如果每个人把自己限制在狭小的自我之中，那么他就不可能去理解他人，不可能去发现别人的长处，与他人沟通也就无从谈起。如果孩子长大成人后，不能理解他人，不能与他人达成良好的合作关系，那么即使他是一个三头六臂的超人，也不能顺利地做好每件事，只会为自己设下许多无法逾越的障碍。

能够理解他人是与他人交往的最基本的素质。只有这样，孩子才有可能成为一个全面发展的优秀人才。

给我的孩子们

□ 丰子恺

丰子恺（1898~1975）　原名丰润、丰仁，浙江桐乡人。现当代著名画家、文学家、美术和音乐教育家。曾任中国美术家协会主席、上海中国画院院长等职。著有《缘缘堂随笔》、《丰子恺书法》、《子恺漫画》等。

我的孩子们，我憧憬于你们的生活，每天不止一次！我想委屈地说出来，使你们自己晓得。可惜到你们懂得我的话的意思的时候，你们将不复是可以使我憧憬的人了。这是何等可悲哀的事啊！

瞻瞻！你尤其值得佩服，你是身心全部公开的真人，你对什么事都想拼命地用全副精力去对付。小小的失意，像花生米翻落在地上了，自己嚼了舌头了，小猫不肯吃糕了，你都要哭得嘴唇翻白，昏去一两分钟。外婆普陀去烧香买回来给你的泥人，你何等鞠躬尽瘁地抱它，喂它。有一天你自己失手把它打破了，你的号哭的悲哀，比大人们的破产、失恋、broken heart、丧考妣、全军覆没的悲哀都要真切。两把芭蕉扇做的脚踏车，麻雀牌堆成的火车、汽车，你何等认真地看待，挺直了嗓子叫“汪……”、“咕咕咕……”，来代替汽笛。宝姐姐讲故事给你听，说到“月亮姐姐挂下一只篮来，宝姐姐坐在篮子吊了上去，瞻瞻在下面看”的时候，你何等激昂地同她争，说“瞻瞻要上去，宝姐姐在下面看”甚至哭到漫姑面前去求审判。我每次剃了头，你真心地疑我变了和尚，好几时不要我抱。最是今年夏天，你坐在我膝上发现了我腋下的长毛，当做黄鼠狼的时候，你何等伤心，你立刻从我身上爬下去，起初眼瞪瞪地对我端详，继而大失所望地号哭，看看，哭哭，如同对被判定了死罪的亲友一样。你要我抱你到车站里去，多多益善地要买香蕉，满满地擒了两手回来，回到门口时你已经熟睡在我的肩上，手里的香蕉不知落在哪里去了。这是何等可佩服的直率、自然与热情。大人间的所谓"沉默"、"含蓄"、"深刻"的美德，比起你来，全是不自然的，病的，伪的！

你们每天做火车，做汽车，办酒，请菩萨，堆六面画，唱歌，全是自动的，创造创作的生活。大人们的呼号"归自然"、"生活的艺术化"、"劳动的艺术化"在你们面前真是出丑得很了！依样画几笔画，写几篇文的人称为艺术家、创作家，对你们更要愧死！

你们的创作力，比大人真是强盛得多哩。瞻瞻！你的身体不及椅子的一半，却常常要搬动它，与它一同翻倒在地上；你又要把一杯茶横转来藏在抽斗里，要皮球停在壁上，要拉住火车的尾巴，要月亮出来，要天停止下雨。在这等小小的事件中，明明表示着你们的弱小的体力与智力不足以应付强盛的创作欲、表现欲的驱使，因而遭逢失败。然而，你们是不受大自然的支配，不受人类社会的束缚的创造者，所以你的遭逢失败，例如火车尾巴拉不住、月亮呼不出来的时候，你们绝不承认是事实的不可能，总以为是爸爸妈妈不肯帮你们办到，同不许你们弄自鸣钟同例，所以愤愤地哭了，你们的世界何等广大！

你们一定想：终天无聊地伏在案上弄笔的爸爸，终天闷闷地坐在窗下弄引线的妈妈，是何等无气性的奇怪的动物！你们所视为奇怪动物的我与你们的母亲，有时确实难为了你们，摧残了你们，回想起来，真是不安心得很。

阿宝！有一晚你拿软软的新鞋子，和自己脚上脱下来的鞋子，给凳子的脚穿了，得意地叫"阿宝两只脚，凳子四只脚"的时候，你母亲喊着"龌龊了袜子"立刻擒你到藤榻上，动手毁坏你的创作。当你蹲在榻上注视你母亲动手毁坏的时候，你的心里一定感到"母亲这种人，何等杀风景而野蛮"吧！

有许多隐藏在心中的秘密都是通过眼睛被泄露出来的，而不是通过嘴巴。

——[美]爱默生

瞻瞻！有一天开明书店送了几册新出版的毛边《音乐入门》来。我用小刀把书页一张一张地裁开来，你侧着头，站在桌边默默地看。后来我从学校回来，你已经在我的书架上拿了一本连史纸印的中国装的《楚辞》，把它裁破了十几页，得意地对我说："爸爸，瞻瞻也会裁了！"瞻瞻！这在你原是何等成功的欢喜，何等得意的作品！却被我一个惊骇的"哼"字喊得你哭了，那时候你也一定抱怨"爸爸何等不明"吧！

瞻瞻！你常常要弄我的长锋羊毫，我看见了总是无情地夺脱你。现在你一定轻视我，想道"你终于要我画你的画集的封面"！

最不安心的，是有时我还要拉一个你们所最怕的陆露沙医生来，教他用他的大手来摸你们的肚子，甚至用刀来在你们臂上割几下，还要教妈妈和漫姑擒住了你们的手脚，捏住了你们的鼻子，把很苦的水灌到你们的嘴里去。这在你们一定认为是太无人道的野蛮举动吧！

孩子们！你们果真抱怨我，我倒欢喜；到你们的抱怨变为感谢的时候，我的悲哀来了！

我在世间，永远没有逢到像你们一样肺肝相示的人。世间的人群结合，永远没有像你们这么彻底的真实而纯洁。最是我到上海去干了无聊的所谓"事"回来，或者去同不相干的人们做了叫做"上课"的一种把戏回来，你们在门口或车站旁等我的时候，我心中何等惭愧又欢喜！惭愧我为什么去做这等无聊的事，欢喜我又得暂时放怀一切地加入你们的真生活的团体。

但是，你们的黄金时代有限，现实终于要暴露的。这是我经历过的情形，也是大人们都也经历过的情形。我眼看见儿时的伴侣中的英雄、好汉，一个个退缩、顺从、妥协、屈服起来，倒像绵羊的地步。我自己也是如此。"后之视今，亦犹今之视昔"，你们不久也要走这条路呢！

我的孩子们！憧憬于你们的生活的我，痴心要为你们永远挽留这黄金时代在这册子里。然这真不过像"蜘蛛网落花"，略微保留一点儿春的痕迹而已。且到你们懂得我这片心情的时候，你们早已不是这样的人，我的画在世间已无可印证了！这是何等可悲哀的事啊！

给儿子的信

□ [俄] 赫尔岑

赫尔岑(1812~1870) 俄国革命民主主义者、哲学家、作家。1853年在伦敦建立“自由俄国印刷所”,后又创办《北极星》杂志和《钟声》报,号召人民推翻沙皇制度。主要哲学著作有《科学上一知半解》、《自然研究通信》等,代表作是长篇小说《谁之罪?》。

亲爱的沙萨:

在等候你关于上周功课的报告时,我想给你写几个字。

你现在已经到了相当的年龄,穷人的孩子在你这样的年龄已经开始工作,而且担负很重的工作了。因此,我现在对你不是谈苏黎世,不是谈赛马场,而是谈谈这里法庭中发生的一件事。

你是听说过法兰西著名的思想家维克多·雨果的。昨天他的儿子被审判,因为他在杂志上写过一篇文章,在这篇文章中他认为处人死刑是可憎的。

维克多·雨果亲自给儿子做辩护,他预先知道他的儿子终归要被控诉并下狱的,所以他这样结束了自己的话:

“我的儿子,今天人们使你有了伟大的光荣:你被认为是一个有资格为真理而受害的人。从今天起,你才开始了真正的生活。在你这样的年纪与人交谈一次，往往比多年闭门劳作更能启发心智。思想必定是在与人交往中产生，而在孤独中进行加工和表达。

——[俄]列夫·托尔斯泰

已经坐上了从前贝朗瑞和夏多布里昂坐过的那把椅子，是可以骄傲的。祝你的意志坚强不屈，你已经向你的父亲学会了它们，你把它们贯注到了血液里去。”

雨果的儿子被判了6个月监禁，当他和父亲一同从法庭中走出来的时候，等候着他们的民众围着马车，高呼：“雨果万岁！”雨果回答：“共和国万岁！”

你看，亲爱的沙萨，纵使父亲感到如何痛苦，他还是要把儿子交给监牢；然而对于他，这么一天却成为生活中一个最美好的日子了。你回忆一下小格里蒲尼吧，他也是为了真理，为了想使大家都好的愿望而受害的。而那些迫害人的人却审判着这些事，那些人只是自私自利。

必须做一个格里蒲尼，不能做一个布尔邦。要斗争，要牺牲自己，或者为自己、为朋友而牺牲，或者和敌人奋战至死。然而做一个格里蒲尼不仅是崇高，而且是愉快的。你还记得，他在狱中习惯了老鼠、青蛙，还唱歌吗？他的良心非常坦白，他完成了自己的事业，而那一个布尔邦呢？毒害了别人生命之后，苦恼、嫉妒、恐惧、羞愧。

因此，我想要将来看着你走我已走过25年的那一条路。不要以为只是偶尔才会碰上灾难的——不，必须准备进行斗争。斗争如果没有来到——可以干别的；如果来到了——那么无论如何，要坚持真理，坚持你所爱好的，不管是出了什么事。

热吻你。

代为问候亚历山德娜·赫里斯妥洛芙娜。要尽量学习俄文，任何时间也不要忘记，你应当成为一个俄罗斯人。

下次再给塔申和可良他们写信。

你的父亲：赫尔岑

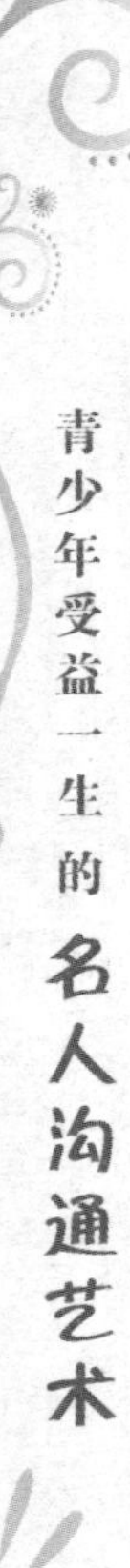

伤害，更多地来自误解

□ [比利时] 莫里斯·梅特林克　吴群芳/译

莫里斯·梅特林克　1962 年生于比利时根特市。比利时著名象征主义诗人、作家和散文家。作品有《青鸟》、《盲人》、《佩利亚斯与梅丽桑德》、《蒙娜·凡娜》和《圣安东的奇迹》等 20 余种，其中《青鸟》是欧洲戏剧史上一部融神奇、梦幻、象征于一炉的杰作。1911 年获诺贝尔文学奖。

在造成不必要的纠纷和伤害的原因中，有一个最重要的原因是误解别人的话。我们没有听明白别人到底在说什么，而是根据过去的成见，在误解的基础上做出反应。一般而言，关系越重要，我们越容易因为过去长期形成的看法误解对方的话。这是因为我们的关系越密切，潜意识中现在的家庭与过去的家庭之间的界限越模糊。

有时候我把它称为 80 比 20。80%的激烈反应是因为过去的事情，而另外 20%是因为现在的实际情况和需要处理的事务。有时候甚至是 100 比 0，我们完全没有听到对方说的是什么。

使人们陷入麻烦的公式

说话人的信息→听话人在童年记忆和过去经验的基础上进行理解——感到羞愧→听话人在误解的信息基础上进行反应。

举例说明，我的伴侣杰西和我要把一只独木舟绑在车顶上。她打的结不符合要求，而我打的结就像女童子军第一天野营一样。我打的结松开了，我在车子后面自言自语地嘟囔。我侧身看了看车子旁边，自言自语道："她怎么会那么做？"我们继续捆绑小船，我知道她变得越来越不耐烦。

"你怎么了，生气了吗？"我问她。

"是，你让我把东西都放下，过来帮助你，我很不高兴。你觉得我的事情不重要。"

"怎么会？"我很奇怪，"我只是在自言自语。我没有让你把东西都放下来帮助我。"

"哼，听起来你就是这个意思。"

"那是你的理解……我没有这样说。"

我可以若无其事地保持镇定，因为我终于懂得了不应该总是当面冲突。如果在几年前，我的反应会截然不同。"噢，我的天，她又向我发火了。我做错了什么？今天我们在一起又要好受了。"我可能会开始向她道歉，让她不要生气。我们的关系会搞僵，因为她还会继续按照自己的误解推理下去（你让我把所有的东西放下过来帮助你），而我变得越来越退缩，无法站起来为自己申辩。

因为杰西愿意考虑自己的误解而我能够澄清自己，矛盾在一小时后就解决了。

后来我们又提起这件事，杰西说："我觉得自己就像听到了父亲的话。他总是说：'把东西都放下，过来帮我一下。'他从来不请我帮助，也从来不表示感谢。他总是支使我跑来跑去，如果我不听话就惩罚我。"

"杰西，"我说，"我一点都没有支使你的意思。我很佩服你打的结，自己也想学一学。"

杰西安静下来。"我想你说的对，但是我真的觉得你好像说了那样的话……不过，你确实没有那样说。我想这只是我自己的臆测。"我们两个人都感到松了一口气。

消除误解需要两个人的共同努力。受到误解的人要站起来为自己申辩。而误解了别人的人要想一想别人到底是什么意思，以及自己脑子里想的是什么。

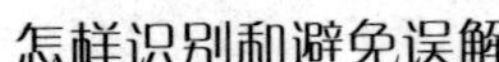

怎样识别和避免误解

1.留意你的反应的激烈程度。如果你一下子怒气冲冲,或者感到非常害怕,停下来想一想:对方说的到底是什么意思?——逐字逐句地想。如果你想不起他的原话,请他把话重复一遍。

2.想一想自己的理解。你把他的意思理解成什么?比如:“你总是说我做得不对”、“你总是指责我”、“你讨厌我”、“你总是把我支使得团团转”、“你要离开我”、“你不相信我”、“你不关心我”。想一想你脑子里的想法。你的反应和来自童年的经验是否有关系?

3.不要在理解的基础上做出反应。对自己说:这是我的理解,这不是朋友说过的话。在理解基础上做出反应会使自己陷入固定思路,对彼此的感情没有好处。

4.如果你愿意,可以把自己的情感反应告诉伴侣或者朋友:“你对我很生气吗?”、“你觉得我毛病很多吗?”、“你当时怎么了?”

5.用心灵倾听回答。即使对方确实说话毫不客气,或者非常生气,他们也可能并不是针对你或者有意惹你不高兴。他们可能只是提出一个问题,陈述一种感觉或者提出请求(另一方面,如果你一再因为别人的话感到刺痛,而他们却始终笑眯眯地对你说:“没有。我对你没有恶意。”这可能是因为你自己的怒气在心里酝酿。这个问题我将在下一部分加以讨论)。

怎样对待误解了你话的人

1.别人反应激烈时你不要一败涂地。如果你知道自己的话确实被误解了,镇定地为自己分辩。如果你失去自制,开始大喊大叫或者觉得自己像个坏孩子,这对你们双方都没有好处,你们会浪费很多时间,为了无关紧要的琐事没完没了地吵个不停。

2.和气而坚决地说:“我没有说过那样的话。我说的是……”你还可以再加上一句:“真的,我不是在挑剔你的毛病,我只是……”

两个人关系中的暴力都是由误解触发的,误解使双方退回到孩子一样不成熟的心态。我们觉得别人在挑衅或者要抛弃我们，我们出于生存意识做出的反应就好像自己的生活受到威胁。从成人的心态来看，人们不会抛弃我们——他们可以离开我们，但是我们可以照顾自己。有的人在相当长的时间内心态都像2到5岁的孩子，常常误解别人的话，动辄怒气冲冲地爆发，甚至会使用暴力："你再去上学，这样就可以找一份工作离开我了。"

我们对别人的误解越深，双方的关系就越淡漠。我们的态度因为过去的事情而笼罩着一层阴影，我们对别人的反应常常像孩子一样幼稚。我们用过去的事件限制自己，使自己的自尊因为别人的所言所行时时波动。为了建立亲密关系，我们需要察觉自己的误解，弄明白产生误解的原因。当我们能够识别别人到底说了什么与自己心里想的是什么之间的差别，就会渐渐地成熟长大。

傅雷家书（节选）

□傅　雷

傅雷（1908~1966）　别名怒庵，著名翻译家。早年留学法国，几乎译遍法国重要作家如伏尔泰、巴尔扎克、罗曼·罗兰的重要作品。数百万言的译作形成"傅雷体华文语言"。他多艺兼通，在绘画、音乐、文学等方面均显示出独特的艺术鉴赏力。

亲爱的孩子，你回来了，又走了。许多新的工作，新的忙碌，新的变化

等着你，你是不会感到寂寞的；我们却是静下来，慢慢地回复我们单调的生活，和刚过去的欢会与忙乱对比之下，不免一片空虚——昨儿整整一天若有所失。

孩子，你一天天地在进步，在发展：这两年来你对人生和艺术的理解又跨了一大步，我愈来愈爱你了，除了因为你是我们身上的血肉所化出来的而爱你以外，还因为你有如此焕发的才华而爱你：正因为我爱一切的才华，爱一切的艺术品，所以我也把你当做一般的才华（离开骨肉关系），当做一件珍贵的艺术品而爱你。你得千万爱护自己，爱护我们所珍视的艺术品！遇到任何一件出入重大的事，你得想到我们——连你自己在内——对艺术的爱！不是说你应当时时刻刻想到自己了不起，而是说你应当从客观的角度重视自己：你的将来对中国音乐的前途有那么重大的关系，你每走一步，无形中都对整个民族艺术的发展有影响，所以你更应当战战兢兢，郑重其事！随时随地要准备牺牲目前的感情，为了更大的感情——对艺术对祖国的感情。你用在理解乐曲方面的理智，希望能普遍地应用到一切方面，特别是用在个人的感情方面。

我的园丁工作已经做了一大半，还有一大半要你自己来做。爸爸已经进入人生的秋季，许多地方都要逐渐落在你们年轻人的后面，能够帮你的忙将要越来越少；一切要靠你自己努力，靠你自己警惕，自己鞭策。你说到技巧要理论与实践相结合，但愿你能把这句话用在人生的实践上去；那么你这朵花一定能开得更美，更丰满，更有力，更长久！

谈了一个多月的话，好像只跟你谈了一个开场白，我跟你是永远谈不完的，正如一个人对自己的独白是终身不会完的。你跟我两人的思想和感情，不正是我自己的思想和感情吗？清清楚楚的，我跟你的讨论与争辩，常常就是我跟自己的讨论与争辩。父子之间能有这种境界，也是人生莫大的幸福。

除了外界的原因没有能使你把假期过得像个假期以外，连我也给你一些小小的不愉快，破坏了你回家前的对家庭的期望：我心中始终对你抱着歉意。但愿你这次给我的教育（就是说对和你相处而反映出我的缺点）能对我今后发生作用，把我自己继续改造。尽管人生那么无情，我们本人还是应当把自己尽量改正好，少给人一些痛苦，多给人一些快乐。说来说去，我仍抱着“宁天下人负我，毋我负天下人”的心愿。我相信你也是这样的。

父与子的难题

□ 周国平

周国平 1945年出生于上海。中国社会科学院哲学研究所研究员。著有学术专著《尼采：在世纪的转折点上》、《尼采与形而上学》，随感集《人与永恒》，诗集《忧伤的情欲》，散文集《守望的距离》，纪实作品《妞妞：一个父亲的札记》，自传《岁月与性情》等。其大量作品以哲理性思辨为主，是当代颇具影响力的学者、作家。

我家人民广场的住房是一间大屋子，中间横着一口大柜，把屋子隔成了两间。那口大柜的某一格里放着父亲的书，我经常爬到柜子边沿上去翻看。有一回，我翻到了父亲的一个笔记本，好奇地偷读起来。其中一页的内容引起了我的注意，那是父亲记录的别人对他的批评和他自己的检讨，主要是脾气急躁和态度粗暴之类。这当然是再平常不过的。可是，当时我却觉得犹如五雷轰顶。在此之前，我对父亲一直怀着崇拜的心理，并且以为别人都和我一样。我压根儿没想到，会有人说他不好，而他必须向他们承认自己不好。这件事一下子打破了我的幼稚的崇父心理，使我发现他的权威仅对子女有效，在所有其他人眼中不过是个凡人。此后许多天里，我的心情沉郁而复杂，一面深深地同情他，自以为懂得了他的秘密苦恼，一面为窥见了他的凡人面貌而感到羞愧和不安。

我上小学时，父亲才三十开外，仍很有生活的乐趣。每年元宵节，他会亲手制作一只精致的走马灯，在纸屏的各面绘上不同的水彩画，挂在屋子里。电灯一亮，纸屏旋转起来，令我惊喜不已。他还喜欢养小白鼠，我们叫洋老鼠，也是自己动手制作鼠箱，里面有楼梯、跳板、转轮等，宛如一个小小游乐场。鼠箱的一面是玻璃，孩子们聚在前面看小鼠玩闹，笑声不断。我心中暗暗佩服父亲，真觉得他那一双巧手无所不能。然而，我上初中时，有一件事使我发现他的性情有了很大改变。那些天我也迷上了做手工，做了许多作品，包括一顶硬纸做的军官帽。我怕小弟弟弄坏我的作品，便把它们藏在那口大柜的顶上。和伙伴们玩军事游戏时，我要用那顶军官帽，不免经常踩着柜子边沿爬上爬下。父亲对此感到很不耐烦，有一次终于发作了，夺过我的军官帽扔在地上，一脚踩烂了。当时我惊呆了，不敢相信这是真的。从亲手为孩子做玩具，到亲手毁坏孩子做的玩具，这个变化实在太大了。

父亲到中年的时候，脾气变得相当暴躁。他难得有好心情，自己不再玩也不带我们玩，从早到晚忙于工作。因为工作累，每天必睡午觉，那时我们在家里就失去了一切自由，轻声说一句话，咳嗽一声，稍微弄出一点儿声音，都会遭到他的斥责。他经常不失时机地提醒我们，是他千辛万苦养大了我们。他说话的口气使我感到，仿佛我已经是一个忘恩负义之人。由于长期担任基层领导，他说话的口气中又掺入了一种训示下级的味道，也使我感到不舒服。有时候他还打孩子，经常挨打的是我的两个弟弟，一个是因为淘气，一个是因为他所认为的笨。我不记得他打过我，但我并不因此原谅他。有一段时间，我对他怀有相当敌对的情绪，看见他回家，就立刻躲到别的地方去看书。

在我小时候，父亲是很宠我的，走亲访友总喜欢带着我。到他进入中年，我进入少年的时候，父子之间便形成了一种微妙的紧张关系。我们并未发生激烈的冲突，但始终不能沟通。出于少年人的自私和自负，我不能体谅他因生活压力造成的烦躁。同样，他也完全不能觉察他的儿子内心的敏感。如同中国许多家庭一样，我们之间从来不曾有过谈心这回事。这种隔膜迫使我走向自己的内心，我不得不孤独地面对青春期的一切问题。他未必发现不了我们之间的疏远，只是不知道如何办才好。不久后，我读高中住校，读大学离开了上海，这对于我是一种解放，我相信他也松了一口气。刚上大学时,我给他写了一封长信,对他的教育方式展开全面批判,着重分析了家里每个孩子的特点和他的处置不当。据说他看了以后,对弟妹们淡然一笑,说:"你们的哥哥是一个理论家。"事实上,在度过中年期危机之后,渐入老年,父亲的脾气是越来越随和了。随着年龄增长,我自然也能够体会他一生的艰辛了。

现在我提起这些,是为了说明,父与子的关系是一个普遍的难题。如果儿子是一个具有强烈精神性倾向的人,这个难题尤为突出。卡夫卡的那封著名的信对此作了深刻的揭示。一般来说,父亲是儿子的第一个偶像,而儿子的成长几乎必然要经历偶像的倒塌这个令双方都痛苦的过程。比较起来,做父亲的更为痛苦,因为他的权威仅仅建立在自然法则的基础之上,而自然法则最终却对他不利。他很容易受一种矛盾心理的折磨:一方面望子成龙,希望儿子比自己有出息;另一方面又怀着隐秘的警惕和恐慌,怕儿子因此而轻视自己。他因为自卑而愈加显得刚愎自用,用进攻来自卫,常用的武器是反复陈述养育之恩,强令儿子为今天和未来所拥有的一切而对他感恩。其实这正是他可怜的地方,而卡夫卡似乎忽略了这一点,夸大了父亲的暴君形象。不过,卡夫卡正确地指出,对于父与子难题的产生,父子双方都是没有责任的。这是共同的难题,需要共同来面对,父与子应该是合作的伙伴。儿子进入青春期是一个关键的阶段,做父亲的要小心调整彼此的关系,使之逐渐成为一种朋友式的关系,但中国的多数父亲没有这种意识。最成功的父子关系是成为朋友,倘若不能,隔膜就会以不同的方式长久存在。

我是感觉到这种隔膜的,一旦和父亲单独相处,就免不了无话可说的尴尬。其实不是无话可说,而是话还没有开始说,只要开始说,任何时候都不算晚。在子女年长之后,交流的主动权就由父母手中转移到了子女手中。在漫长的岁月中,我为什么没有尝试和父亲做哪怕一次深入的交谈,更多地了解他一生中的悲欢,也让他更多地了解我呢?父亲已于14年前因心肌梗塞突然去世,治丧那一天,看到那一具因为没有一丝生命迹象而显得虚假的遗体,从我的身体中爆发出了撕心裂肺的恸哭。我突然意识到,对于业已从这具躯壳中离走的那一个灵魂,对于使我的生命成为可能的那一个生命,我了解得是多么少。父亲的死带走了一个人平凡的一生,也带走了我们之间交流的最后希望。

成功的家庭沟通，应该注意以下因素：理解、关怀、接纳、信赖和尊重。理解要求父母孩子双方能够设身处地地为他人着想；关怀不但存在于内心，更要切实付诸行动；接纳要求考虑到每个人的个性特点，懂得欣赏人们身上的优点；信赖是要做到既信任别人也信任自己；而尊重是指尊重他人特别是孩子的权利，尊重孩子们的意见和选择。

第四辑
沟通创造财富

我们生活在同一个世界中，彼此依赖，没有人可以脱离他人独自生存，只有相互了解、相互信任，才能紧密合作，将我们的能量最大化，共同建设更美好的生活。从这个角度来说，沟通是人类最聪明的行为，是人类智慧的表现。

从沟通中我们所获得的既有外在的物质收获，更有内在的精神力量，这种力量在每一个人的人生路上都将成为无形而恒久的支撑。

沟通创造财富

□(台湾)林伟贤

林伟贤 《培训》杂志国际中文版创办人,中华教育训练发展协会理事长。同《富爸爸 穷爸爸》作者罗伯特·T.清崎均为Money&You专业讲师(全球共6位),是全球唯一的Money&You及Business&You中文讲师。

生活在世界上的每一个人,都是作为一个生命群体的一分子存在的,从微小的成绩到伟大的创造都离不开人与人之间的支持与合作,沟通的重要性是不言而喻的。

沟通不仅帮助我们去认识他人,还是我们自身获得他人了解和认同的必不可少的渠道和环节。从这个意义上说,沟通就是合作的基础和创造财富的基础。

全世界最富有、最杰出的人,实际上都是最伟大的沟通者。我们可以看到,比尔·盖茨一直在世界的各个地方做各种演讲,他是在通过演讲向全世界的人推广微软公司的窗口以及各种产品。一场又一场的演讲,一次又一次的记者会,一次又一次的报告,都是在跟大家做沟通。NBA永远的篮球大帝迈克尔·乔丹,通过他的球技征服了亿万球迷,这也是一种间接的沟通。而他在球场外、在生活中通过他的言行展现了出色的个人魅力,巩固并赢得了更多的支持者,这也是一种沟通。

由此可见，在现代社会中，任何人希望获得成功和财富，都必须做好沟通。沟通不只是让别人了解你，把自己以及自己的产品与服务介绍并销售出去，还包括去了解别人，发现别人的优势和长处，选择自己可以学习以及可以加以整合运用的部分来提升自我的生命质量。

沟通包括两个方面，一种是情感上的沟通，另一种是事业上、金钱上或商业上的沟通，而不管是哪一种沟通，都是针对人的，是人与人之间的情感、思想、心理的交流。我们通过这种内在的交流，可以不断地促进人与人之间外在关系的提升。在这个合作的时代里，沟通可以帮助合作的各方达到更深的了解，消除分歧，避免误会，取得最大的一致性，从而共同获得更好的合作与发展，为彼此提供更多的机会创造更大的财富。

在合作时代，信任就是我们最重要的资产，沟通则是建立信任的最根本、最有效的方式。只有真正地了解一个人，我们才会信任他；而只有经过有效和成功的沟通，我们才能真正了解一个人。不管是什么样的人，只要你获取了他的信任，他就会愿意跟你合作。所以，当我们可以运用有效的沟通方式为自己赢得他人更多的信任时，财富实际上就已经来到了我们面前。从这个意义上说，沟通就等于我们的财富，认真、努力地用最快的方法和最踏实的态度做好与别人的沟通，你就掌握了为自己创造更多财富的本领。

一个合作的时代就是一个沟通的时代，无数的机遇都产生于沟通之中。但机会不会无故从天而降，坐待时机就会丧失时机，所以，沟通至关重要的一点就是主动。对于那些以真诚的态度、适当的形式表达出来的善意与良好的愿望，我们是很难拒绝的，当我们自己这样做的时候同样会很快获得他人的认同和肯定。你越主动地去跟别人沟通，向他人伸出友谊之手，就为自己创造了越多的机会。

沟通必然是双向的，在有意图相互了解的双方之间才会有沟通的需要和可能。当你努力尝试去了解别人的时候，也就是提供机会让别人更好地了解你。良好的沟通能力不仅可以获得合作和创造财富的机遇，还可以帮助你营造一个宽松、和谐的人际环境，消除阻碍，减少在人际关系上的时间和精力的无谓耗损，更有助于保持平稳的情绪和积极的心态，最大限度地将自己的潜力发挥出来。

我们所有的人共同生活在同一个世界之中，彼此依赖，没有人可以脱离他人独自生存，只有相互了解、相互信任，才能紧密合作，将我们的能量最大化，共同建设更美好的生活。从这个角度来说，沟通是人类最聪明的行为，是人类最高超的智慧的表现。

从沟通中我们所获得的既有外在的物质收获，更有内在的精神力量，这种力量在每一个人的人生之路上都将成为无形而恒久的支撑，可见，作为财富的基础的沟通带给我们的不仅是物质的财富，更有无价的精神财富。

处理人际关系的艺术

□ [英] 诺斯古德·帕金森

诺斯古德·帕金森 英国历史学家、政治学家。著有《帕金森定律》一书，深刻揭示了行政权力扩张引发人浮于事、效率低下的现象。该书出版以后，被翻译成多国文字，在美国更是长踞畅销书排行榜榜首。

请千万不要有这样一种想法，以为人与人之间的关系只是管理学著作中的一个章节。不，完全不是这样。一部管理学著作论述的全部问题就是人与人之间的关系。因为不处理好人与人之间的关系，你就不可能有任何成就。

使人们满意地共事不是管理工作的一部分，而是管理工作的全部。因为在一个企业里，只有人才能操作机器、加工原材料和做其他种种事情。

资金、材料、机器是每个工业企业需要关心的肌体。但是，要记住，一个经理只有通过人的努力才能达到他预期的目的。这就是为什么说对人的处理，包括他们的知识、他们的特点、他们的脾气，是一个经理的主要工作。管理工作并不是主持一些重要的活动而已，而是处理好人与人之间的关系，管理即是处理人的关系。

可以肯定地说，这只是一件小事。但是，以这种态度去对待人，那是多么糟糕。乔治对你这种漫不经心的态度将耿耿于怀达数月之久。只要上司稍加思索，就可避免这种轻率和使人生气的态度。

不管你有5000个职工还是只有5个职工，如果你想把自己的企业搞好，就必须懂得如何与人相处。这就是为什么待人接物如此重要的原因。哪个管理人员能正确待人接物，他就应该得到晋升。

你对那些终日坐在有空调、舒适而宽敞的办公室内，从不出去看看他们周围发生什么事情的上司会感到惊讶。签署一份备忘录远比你迈开双脚去周围巡视一番要容易得多。伟大的德国罗曼尔将军主要成功之道就在于：经常在现场作指示，说明情况，解决难题和视察工作进度。罗曼尔的工作方法十分成功，如果管理人员把它用于工厂、学校、企业或政府部门，也会产生同样的效果。对群众来说，你别无他法去取代亲自与他们接触。群众对他们不了解的人往往是不喜欢的。但是，一旦了解了他，那就是另一回事了。

每当你以同情、外交、忍耐的口吻去布置一件事情时，你千万不要忘记，和善的态度必须有对工作一丝不苟的坚定性做后盾。应该富有同情心，通情达理，但也要让你的下级知道你是坚持工作要高标准的，这点你是不会让步的。如果他们的工作不符合这个标准，你是要采取严厉的措施的，要使他们明了你对完成工作任务是采用外柔内刚的态度的。

请不要认为一个优秀的领导人就必须衣冠楚楚，外表惊人。这些对你的职工来说并不重要。他们想知道的是他们的上司是否认识到他们的重要性，他们在本企业中是否占有一定的地位。伟大的爱因斯坦曾经说过，在当今大企业林立的社会中，最大的问题就是人们感到他们个人已被完全遗忘了。他们感到自己似乎微不足道。此时就需要一个好的领导人发

挥作用了。他应使他的职工确信他们是企业的重要因素。当他们或他们的家属生病时,他寄予同情,关心他们面临的问题,向他们推心置腹。生产自动化要求一个大企业的领导人比以往任何时候都更需要特殊照顾职工生活。

当一个雇员退休或逝世时,他的上司往往对他和他的工作说些好听的话。但是,当他活着和在职的时候,从来没有人赞扬过他。相反,上司们总是吹毛求疵,动辄批评。千万不要怕表扬人,这是促使人们更加努力地工作的最好办法。这种办法适用于生活的各个方面。你的贤内助可能胖得像一头喂养得很好的母牛,但你要说,正是她这种丰满不凡的健美吸引了你和其他所有的人。这样,她就会为你做任何的事情。即使某项工作中的一小部分完成得很好,那也应该表扬一番当事人。你可以相信,受表扬的人将会全力以赴把工作做好。领导人常常不敢表扬下级,因为他们想,人们可能因此翘尾巴,进而对工作有所懈怠。然而,这种想法完全错了,每个人都希望得到赞扬。表扬是最有效、最廉价,也可能是最好的管理工具。

你不要认为你能长期愚弄人们。你的职员可能看上去相当文静和羞怯,但是,如果他们的切身利益受到损害时,他们也会搏斗如虎。所以要记住,在对待人的问题上,聪明不能代替善意和真诚。不要认为你能愚弄人们,他们会受你的欺骗。不可能,他们会一眼看穿真相。

如果没有成绩,那么再美妙的词藻和热烈的感情都是毫无意义的。就一个企业来说,它的全部职能毕竟是提供服务和生产。假如一个企业有成就,那么即使领导人偶然有些粗鲁的言辞那也无碍大局。有时我们也会聘来一位冷若冰霜不爱理人的经理,但只要他把精力集中在检查职工是否通力合作,努力完成他们的目标上,那么他就是一个好经理。即使他不善娓娓动听的言辞和缺乏热烈的感情,那也不必过分为此恼火。人的脾气总是各不相同的。

在谈到登上高级宝座问题时,人们有时会忘记高级职位在一个企业中通常是非常有限的。我们大多数人一生中应该满足于甘居二、三等职位,或者充当下级官员。但是许多人恰恰不甘心于此,他们变得灰心丧气,郁郁不得志。但是,人们为什么要认为活着的最高理想就是登上最高职位呢?还有许多其他的事情,其重要性并不亚于当一个大企业的总经理。你也许是一个优秀的运动员、一个天才的音乐家,或是一个乒乓球冠军、一个慈祥的父亲和一个体贴入微的丈夫。这些品质同样都很重要。因此，假如你没有得到一个最高职位的工作，请不要过于烦恼。你也许具有某些职位较高的人求之不得的品质，而这些品质与他们的高职位同样重要。

你瞧瞧，那帮女孩子对他献媚佩服的神色。但是，对任何人的前途作出许诺却是一件严肃的事情。这种许诺人们会年复一年字字句句记在心上。因此，你不能办到的事情千万不要许诺，而且要确实没有人会误会你曾经作过什么许诺。因为在你的讲话中如有任何模棱两可之处，都有可能被曲解，背离你的本意。

“管理不是管物，而是开发人”，才这是美国管理学会主席劳伦斯·艾帕雷多少年前讲过的一句话，这是多么千真万确。一个领导人的责任就是培养他的职工，帮助他们发展才能。如果他这件事办好了，不仅他自己的任务可以完成得更好，为自己的晋升铺平道路，而且他将有一批能干的、训练有素的、完全忠于他的和通情达理的职工队伍。谁能不忠于帮助他上进的领导呢？

如果你想与别人共事，事实上每个人也必须直接或间接地与人共事，那么你就必须设身处地替别人着想。要经常从他人的观点出发去检验你的决定正确与否。要从不同角度去思考问题，不要感情用事。这样，你就会作出正确的决定。

对一个平庸的领导人来说，最大的危险之一就是他的下级都是一帮唯唯诺诺的庸人。下级会经常奉承他们的上司。一个精明的领导人需要在他周围有一批敢于发表不同意见的人。他必须善于洞察那些卑躬屈膝，专事奉承的人。要不然，他们必将把他置于困境。对一个忙于事务的领导人来说，他很容易匆忙地作出错误的决定。这就是为什么在一个领导人周围需要有一批独立思考的人的意义所在，为的是便于纠正他的错误。

当你和群众工作、生活在一起，总不可避免会在某些方面出现意见分歧，导致发生口角或动火。人总是各有各的个性。这种争执难免会发生。在这种情况下，最好的办法是：对比永恒的世界，人生只是短暂的一瞬。世界已经历了数百万年的历史，而且还要继续发展下去。任何事情都有消逝的一天。因此，要记住，下次如果有人或有什么事使你烦恼时，你就应该以正确的观点去分析，与永恒世界比较，你那小问题就微不足道了。

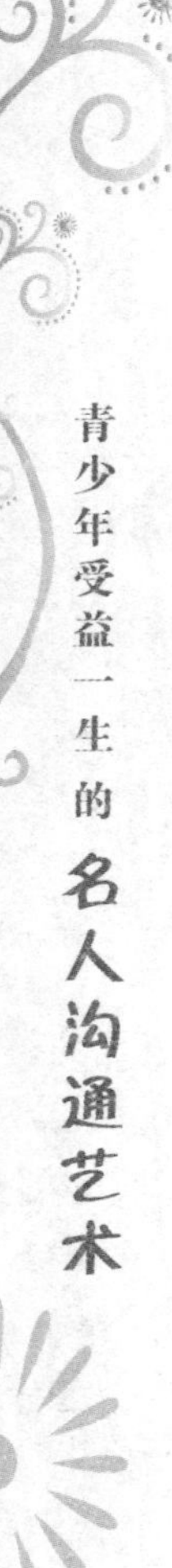

如何赢得上司的喜爱

□ 高定基　余世维

高定基　企业管理专家。多年来潜心研究“魅力管理之道”、“有效执行力”等管理和销售领域，用亲身工作实践解读职场心理学、潜能开发理论等的时代先锋者。著有《做老板最满意的员工》，经典课程有《魅力管理》等。

余世维　著名实战型管理培训专家，香港光华管理学院、北京时代光华教育发展有限公司特聘高级培训师。哈佛大学企业管理博士后，牛津大学国际经济博士后，美国诺瓦大学公共决策博士。曾任日本航空公司台湾地区副总裁、美国雅黛公司副总裁。

除了最高层领导外，每个职员都有上司。现实可能是你的工作完成得好，你的业绩也不错，你的下属也很爱你，但你的上司不喜欢你，因为你只知道做自己的工作，只知道怎么管理你的下属，不注意上司怎么看你。所以，不管你是主管也好，普通职员也好，你都要懂得怎么当下属，怎么让你的上司喜欢你，器重你，提拔你。如果你要获得这样的效果，你一定要按照下面的建议认真去做。

主动报告你的工作进度

当领导的心中往往有个不快，不知道他的下属在忙些什么，每天好像都很忙，又不好意思经常去问他。因而做下属的一定要主动报告自己的工作进度，让上司放心，不要等做完了再讲。有时小小的一点错误，发展到后来就会变得很大，所以越早报告你的上司，一有错误，他可以纠正你，避免犯大错误。

作为一个下属，你有多少次主动报告你的工作进度，让上司知道，让他放心？对上司来说，管理学上有句名言：下属对我们的报告永远少于我们的期望。可见，上司都是希望从下属那里得到更多的报告。因此，做下属的越早养成这个习惯越好，上司一定会喜欢你的。

对上司的询问清晰作答

做上司的经常会为下属回答问题的那个样子受不了，“蔡小姐，昨天下午说过的那个报表今天一定要交给我。”“知——道——了，老——总，你没看到我在写吗？”如果你的下属这样子回答，你一定会非常的不喜欢，甚至痛苦。而她很能干，不能因为这样就随便炒她。

如果上司问你话，一定要有问必答，最好是问一句，答三句，让上司清楚；答的比问的要多，让上司放心；答的比问的少，会让上司忧虑，这不是一个员工应有的心态。

回答上司的问题时，有一件小事不能随便：上司进来问话时，立即站起来是基本的礼貌。

了解上司的言语

做下属的，脑筋要转得快，要跟得上上司的思维。你的脑筋会不会转得比你上司快呢？一般不会，那你要不要去努力地学习呢？肯定要的。今天他能有资格当你的上司，肯定有他的一套，有比你厉害的地方。如果你去联想集团当一个副总，你的脑子会不会比柳传志还快？我想你不敢这样讲。柳传志能够领导联想，能够把联想发展成今天这种规模，肯定有很多地方值得你去学习。因此，你不仅要努力地学习知识技能，还要向你的上司学习，这样才会听得懂上司的言语。他说出一句话，你要能知道他的下

一句话讲什么,也就是知道了他的言语,跟得上他的思维。如果你不去努力地学习,你的上司想到20公里了,你才想到5公里的地方,你跟他的差距就会越来越大,他是没法提拔你的。

很多人都想超越他的上司,这是非常可贵的精神,但要超越你的老板,先要学会他那一套,然后再谈超越他。你连他那一套都没有学会,就谈不上超越了。因此,做下属的,要不断地学习,学习你的上司,不断充实自己,才会提升自己,获得上司的赏识和提拔。

不犯二次过错

有一个很经典的故事。日本一家电器公司的老板准备物色一位职员去完成一项重要的工作。在对众多的应聘者进行筛选时,他只问一个问题:"在你以往的工作中,你犯过多少错误?"他最终把工作交给了一个犯过多次错误的员工。开始工作前,他交给该员工一本《错误备忘录》,嘱咐道:"你犯过的错误都属于你的工作成绩,但是你要记住,同样的错误属于你的只有一次。"这说明,上司会给员工犯错的机会,但总是不希望下属犯同样的错误。

人非圣贤,孰能无过?人肯定是要犯错误的,只有无所事事的人才不会犯错误,聪明的人可贵之处是能在每次犯错误之后,接受教训,及时总结经验,不犯二次过错。但一个人要能真正做到不犯二次过错,其实是非常不容易的事情。如果你对上司说:"老总,您放心,这是我第一次犯这个错误,也是最后一次。"你敢讲这种话,是非常不简单的,但你要培养这种勇气和素质。

闲时主动助人

这是一个强调团队精神的时代,公司的成功要靠整个团队。团队成员需要良好的协作,也需要互相帮助。一个人不忙时,要主动帮助他人,这是一种团队精神。在麦当劳,如果没人扫地,店长都会去扫地的,有时也会帮人点餐。如果有一队排得很长,其他队人很少,一定会有人说:那边的客人对于有才华的人来说，敛其锋芒，以避人言，不如我行我素，不畏人言。

——汪国真

请到这边来。麦当劳文化的一个重要特点就是快速的服务，做到这点的一个重要原因就是员工不忙的时候，主动帮助他人。

今天你帮助别人，不仅是一种积极的工作态度，也是有利于你自己的良好作风，因为有一天，你也需要别人帮助时，别人也会来帮你。现实中，很多人崇尚本位主义，自己不忙时，说人家是应该的，他忙是活该，我休闲叫应该。如果一个组织存在这种思想，就很危险，很难成为“一家人”，其凝聚力、战斗力就会大打折扣。

接受任务毫无怨言

最完整的人事规章，最详细的职务说明书，都不可能把人应做的每件事讲得清清楚楚，有时会临时跳出一些事来，下属会临时接受一个工作任务。假如公司一位重要的客户要过来，为表诚意，公司要派人去接他。这是临时的事情，临时的事情是一定要有人做的，你要一口答应，一肩挑起。最难的是：要毫无怨言。如果你毫无怨言地去做，你的上司会非常感激你，他即使当时不说，也会利用另外的机会表扬你，奖励你，回报你。

人不要太斤斤计较。中国有一句话：吃亏就是占便宜。这是很有道理的，因为你在一个地方付出了，会在别的地方得到回报。一个公司的成功要靠全体的努力，你要毫无怨言地接受任务。

对工作主动提出改善意见

这是最难做到的事情。如果你的上司说：“各位，我们来研究一下，工作流程是否可以改善一下？”严格说来，这样的话，不应该由你的上司来讲，应该由你来讲。所以每过一段时间，你应该想一下，工作流程有没有改善的可能？如果你是你所干工作的专才，而你的上司不是，他提出了改善计划，想出了改善办法，你应该羞愧。如果他说：“我要你来干什么？公司请你来，是要你来管理和提高生产效率。你还是这方面的专家，可还要我来替你改善流程。”那你羞愧之后应该好好思考，要开始养成不断思考改善工作流程的习惯。

你敢不敢说你的工作流程都很完善？事实上，任何一个工作流程都不可能十全十美，都有改善的可能。最糟糕的是大家都无所谓，不改善更好，就安于现状。一个组织没有进步，这点做得不好是重要的原因。大家都不去改善，而你做到了，你就不一样，上司就会喜欢你。

保全下属的面子

□ [美] 杰克·韦尔奇

杰克·韦尔奇 1935年生于美国。45岁时成为美国通用电气公司历史上最年轻的董事长和首席执行官。在他执掌通用电气的19年中，公司一路迅跑，并因此连续三年在美国《财富》杂志“全美最受推崇公司”评选中名列榜首。

每个人，无论是谁，无论官职大小，都是有自尊的。人若没了自尊，那便无可救药了。没有自尊的人有两种情况：一是自己不珍惜而失去的；二是让别人给毁伤的。所以，身为领导必须时时刻刻注意，不能用言行来打击部下，尤其是在公共场合，即使你非常讨厌他，也不能当众表现出来。

有些人由于工作能力较差，做不好事情，不时地给领导添麻烦，于是整个单位都想将他调走，又没有地方肯接纳他。有的领导便会说：“他要是能调走，我磕头都来不及！”这种话是极伤人自尊心的，所以一定要注意说话的分寸、场合。

几年以前，美国通用电气公司面临一项需要慎重处理的工作：免除查在缺乏教养的人身上，勇敢就会成为粗暴，学识就会成为迂腐，机智就会成为逗趣，质朴就会成为可笑，温厚就会成为谄媚。

——[英]洛 克

尔斯·史坦恩梅兹担任的某一部门的主管职务。

史坦恩梅兹在电器方面有着异乎寻常的天才。在他担任通用公司电器部门的总管时，将企业治理得井井有条，公司的销售额连年上升。不久，他被升任为通用公司计算机部门的主管。然而，这一次他却遭到彻底的失败。人并非是万能的，天才毕竟是少数。看着计算机部门糟糕的业绩，通用高层领导心急如焚，但他们不敢冒犯史坦恩梅兹，毕竟，他为公司作出了贡献，况且，公司也绝对少不了这样一个人才。

最后，通过协商他们想到了一个绝妙的办法。既让敏感而又极其自尊的史坦恩梅兹愉快地接受工作调动，又不打击他的自尊心。

通用公司下了一纸命令，决定成立一个新的部门——通用电器公司顾问部。史坦恩梅兹担任"顾问总工程师"，并且兼任部门主管，对于这一调动史坦恩梅兹十分高兴，愉快地接受了调动，并没有认为这有损于自己的面子。

美国石油大王洛克菲勒曾经有一位同事名叫贝特福特，他既是洛克菲勒的合作者，也是他的下属。

一次，贝特福特独自负责一桩南美的生意。不幸的是，这次他失败了，而且输得特别惨，所以，贝特福特自认为实在没脸再见洛克菲勒，下次的董事会，洛克菲勒一定会毫不客气地批评他。一连好几天，他的心里都非常紧张。

这天，公司召开董事会。贝特福特硬着头皮来到会议室，他等着洛克菲勒的批评，做好了充分的思想准备。

"贝特福特先生。"洛克菲勒开始讲话了。

贝特福特心里一阵发紧，他最担心的事还是不可避免地要发生了。

"首先，我可以肯定你在南美确实做了一件很不成功的事情。但是，"洛克菲勒的语气变得十分缓和、亲切，"大家都明白你确实尽力了。虽然这次失败了，但是我相信在这件事情上没有人会比你做得更好。而且，现在我们正在计划让你重整旗鼓……"

一席话，让贝特福特备感温暖，先前的抑郁一扫而光。他又重新找到了自信，尤其是在董事会上洛克菲勒没有让他难堪，这让他对洛克菲勒感激备至。

事实上，即使是被大多数人认为“无用”的人，也有他自己的长处。他或许比别人差一点，却在某一方面潜藏着特长；也许他比别人笨拙，却也因此比别人更勤奋卖力，所以，总会有适合他的一项工作。身为领导，切不可对他抱有嫌弃的态度。

有一项研究调查表明：凡是自尊心强的人，不论在什么岗位上，都会尽自己的最大努力而不愿落在人后。所以，作为一名明智的领导者，一定要保护下属的自尊心。不要因为一点点工作上的失误就当众批评他，即使你非常地不喜欢他，尤其当其他同事在场时，更要注意。你可以采取一些其他办法，比如，当你的秘书在整理文件时出现了错误，你可以这样跟他(她)说：“你的报表做得非常认真，但是这些数字你看还有没有可以补充的？”这时，他(她)一定会认真而虚心地接受你的“批评”，以后的工作也一定会更加努力。

沟通使人成为万物之灵

□(台湾)黑幼龙

黑幼龙　卡耐基训练华文市场总经理，曾任休斯飞机公司经理，宏碁电脑副总经理。1987 年引进卡耐基训练至华语国家，为 600 家以上的上市公司及跨国企业提供专业咨询。

多年前，有一次我搭乘的飞机出故障，临时降落在印度的一个机场。在过境室里，我选了几本杂志，正准备翻阅的时候，一位中年妇女过来了，坐在我旁边的沙发上，开始跟我“面谈”了。

平常我遇到这种情况，都会礼貌地应付一下，通常寒暄几句就没了(因为对方很快就会收到信号)，然后她看她的报纸，我看我的书。

可是那一次不一样，不知道什么缘故，我放下杂志，抬起头，眼睛望着她，好好地聆听。

结果呢？那是我一生中收获最宝贵的两个小时。

原来她是澳洲一位很有名的出版商，她谈的都是出版界的宝贵资讯，还有很多出版的窍门。如果不是遇见她，我要花多少工夫、多少时间才能获取这种了解？

其实，对出版的了解是题外话，真正有意思的是，为什么她这么有兴趣与我交谈？为什么她迫不及待想要分享？

现在回想起来，那一次的“面谈”之所以那么成功，是因为我掌握(碰巧也好，运气也好)了面谈的几个关键因素：

要对他人感兴趣——这点真的很不容易，因为我们通常只对自己感兴趣。无论是求职、销售、交朋友，甚至说服别人；只想到自己需要一份工作(不管能为公司做什么)，只想到自己的业绩或佣金(没想到别人的需要)，只想别人关心你(却不关心别人)；只想自己的道理(没从别人的角度来了解)，这样下去我们恐怕注定了要成为沟通的失败者。

积极地聆听——我可以一面看杂志，一面听她说话，偶尔抬抬头就好了，但结果就完全不一样了。面谈的时候，我们都需要对方很注意地聆听，不只是听到了，而且眼神要接触，表情要能随着我们说话的内容反应。否则我们就不太想说下去，或说得没精打采的，很没意思。

问问题——在适当的时候，我会简短地发问，有时是求证，有时是为澄清，结果那位澳洲太太越说越起劲。问问题也显示我感兴趣，表示我真的在聆听。

谈到这里让我想到一件很有意思的事，成功的面谈除了需要表达得好之外，更重要的是聆听。

聆听不只是需要耐心，而且还需要自信。

聆听不只是吸收到资讯，而且还表现了关怀与支持。

聆听不是不说话，而是相信自己能沟通得更好。

在今日的商品经济社会中，成功常常并非取决于我们多努力工作，也

不在于我们肚子里有多少学问，而是在于我们沟通的能力好不好。

讲起来有点不公平，但现实的社会就是如此。

记得数年前在纽约听过一位企业家说，他在大学读书的时候就觉察到，如果这一生真要出人头地，他一定要会沟通，特别是向很多的人讲话，因而他参加了卡耐基训练；而他学的是化学。

我们有多少人在读书时就有这种体会？

我们在求职的时候，主考官对我们的印象常是决定录取与否的关键。而且职位越高，像应征经理、总经理的时候，印象更重要；而我们的沟通能力就是这印象的重大部分。

婚姻生活更是如此，从交朋友到谈恋爱、夫妻婚后的家庭生活，以至后来的亲子关系，无一不需要沟通。但沟通是一种能力，不是一种本能。本能天生就会，能力却需要学习才具备。在这方面不想进步的夫妇，婚姻生活很难美满。

在工作、赚钱、事业发展方面，我们需要别人的支持、合作才会成功。怎么样才能得到他人由衷的合作呢？那就要靠与老板、同仁、客户的沟通能力了。

万物之中，包括最接近人类的猿猴在内，只有人会沟通。猴子在一起，不是打，就是跑开；人不同，人有好多可以谈的事。

借着沟通的能力，人成了万物之灵。

宽宏大量是一种美德，它是由修养和自信、同情和仁爱组成的。一个宽宏大量的人快乐必多，烦恼必少。

——[法]罗曼·罗兰

软硬兼施

□[韩]李钟柱　崔春梅　黄依华/译

李钟柱　1964年生于韩国忠清北道，毕业于汉城大学经济学系。著有《新闻现场》、《如何获取和使用商业信息》、《经济移动》、《韩国人走向何方》等。此外，为了打破习惯性思维方式，他还策划编辑了《肚脐眼的上半身还是下半身？》等，受到读者的好评。

掌握了"绝对优势战术"就可以轻松取胜

在棒球比赛中，如果对方已经出局，跑垒者已占据1垒或1、2垒甚至满垒，同时击球手已在倒计时，那么这时跑垒者大可以不考虑下一个投球结果如何，在投球手作投球动作的同时跑向下一垒。

如果犯规就回到原垒，如果被判有效则可直接向4区进垒。若击球手因三次击空或击球过高而出局，那么进攻也就结束了，你不会有任何损失。如果击球手将球击出垒或错打，情况会更有利。因为只要跑得快就会有更多的进垒或更高的得分机会。

像这样，如果跑垒者赶跑与投球动作同时发生只会有利无弊。竞赛理论中称之为"绝对优势战术"。

若能使用"绝对优势战术"，事情就会简单明了得多。因为这样一来不

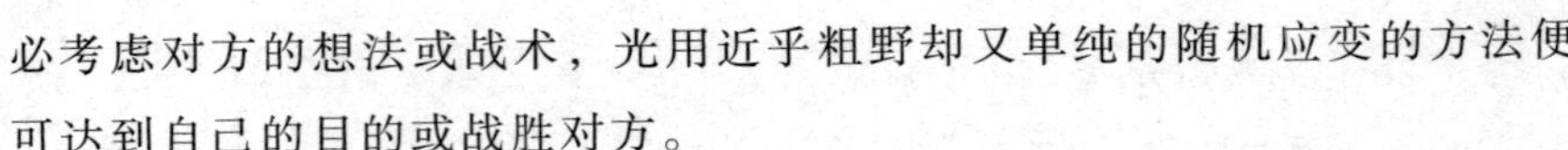

必考虑对方的想法或战术，光用近乎粗野却又单纯的随机应变的方法便可达到自己的目的或战胜对方。

威胁和恐吓使用得当也能发挥巨大力量

威胁和恐吓是最单纯、最直接的劝说方法，一般也能取得很不错的效果。但在使用这一方法之前，应该考虑到其负面作用，即风险大。因为在我们生活的世界里绝对优势战术并不是屡试不爽的，而且还可能与自己威胁过的人在别的情况下遭遇。到那时，对方会因为以往的经验而产生防范意识，所以会更难取得妥协。

有关心理学研究表明，强有力的威胁会引起对方的关注并使其不安，但同时也会引起对方的反感，所以说服力会很弱，其效果也不会持续太久。其实最好的劝说方法不是恐吓、强迫这种强硬的威胁手段，而是轻微的要挟。

让我们看一下把“绝对优势战术”应用于公司中的效果。总经理或掌管人事的上司对下属的优势是绝对的，对表现不好的下属或不安分的职员予以开除或降职处分都易如反掌；也可以用“你还想继续发牢骚吗？正好地方分公司里有个空缺呢……”等方式提醒下属自己掌握着生死大权，要挟其顺从自己。

用两手策略说服对方

在谈判桌上，胁迫的方法有时也很管用，但必须以己方占据绝对优势为前提。

比如，为孩子求神治病的信徒用恐吓的语气说“那是祖宗的鬼魂附体了”使其惴惴不安，以致花高价钱买咒符消灾。这时用的就是威胁的方法。一般来说，用恐吓使对方产生恐惧心理会增强说服效果，但过多引发恐惧心理反而会产生副作用，人们会因为过度紧张而不知所措，或产生否认危险性、拒绝被说服的倾向，所以应该认识到用威胁的办法劝说一个人时获得成功是偶然的。

下面我们比较一下吸烟者对戒烟物品的三种销售宣传方式的反应：

人与人之间需要一种平衡，就像大自然需要平衡一样。不尊重别人感情的人，最终只会引起别人的讨厌和憎恨。

——[美]戴尔·卡耐基

1)提供肺癌患者的X光片和有关瘾君子的肺癌高发病率、低治愈率的数据，播放关于肺癌晚期患者及其遗属的报道。

2)提供被尼古丁侵蚀的肺部X光片，列举肺癌的种种症状，提供充分揭示吸烟导致肺癌的资料，通过宣传画说明吸烟的危害。

3)将肺癌患者的X光片与正常人的做比较，指出尼古丁和焦油对肺的影响，强调戒烟对身体的益处。

1)是强烈、直接的威胁性劝说法；2)是中间型；3)是轻微、间接的劝说法。通过这个心理实验我们发现，三种方式中第三种也就是"轻微的要挟"效果最明显。

第一种方式，即强烈、直接的威胁方式，虽然能够引起对方的关注并加剧其不安和恐惧，但同时也使对方产生了更加强烈的拒绝劝说的逆反心理，所以效果反而较差。

用威胁或攻击的方法说服别人并征服其内心，总有一天会失败。理想的劝说方法应该是既严厉、强硬，又不失亲切、温和的两手策略，巧妙利用软硬兼施的劝说方法会让对方毫无招架之力。

滥用强迫手段只会招致沉默——"缄默(MUM)效应"

在人际交往中，做到基本上不使用强迫手段并不难。人们虽然会在皮鞭面前屈服，可那不过是表面上的服从，内心却充满了反叛、仇恨的复杂感情。不仅在感情上，在日常生活中也存在着正确信息的传播受到限制的现象。对统治者，人们大都愿意挑对方喜欢的、迎合对方的话来说，尽量避免说让对方不快或有可能降低自身价值的话。

这就叫"缄默(MUM)效应"。职员在工作上犯了错误后因为害怕上司的威严而保持"缄默"，这样上司便得不到正确的信息，结果就会因错误得不到及时纠正而造成日后的重大损失。

从长远考虑，无论是在感情上还是在工作上都应尽量不使用强制手段。但对于上司或父母、教师等身份的人来说，强制手段不失为一种对下属或晚辈、学生发挥作用的简单快捷的好办法。同时，越是对自己的才干和人格魅力没有信心的人越会行使强制手段，因为他们自认为没有其他行

之有效的办法去说服别人。

就像风和太阳的寓言所讲的那样，光靠猛烈的暴风雨是掀不掉人身上的衣服的，而平时以礼相待，在认为有必要发作时点到为止，这才是最有效的。

让对方一直说“是”

□ [美] 戴尔·卡耐基

让他人说，“是，是的”——正是通过使用这个技巧，银行出纳员埃伯森才保住了一位差点儿失去的未来客户。

“这位先生来此开设账户，我递给他一张常用的填写表格。”在银行做出纳的埃伯森先生说，“其中一些问题他爽快地填写完毕，另一些则断然拒绝回答。”

“要是在学习人际关系课程之前，我一定会告诉他如果拒绝向银行提供完整的个人信息，我们将无法为他开户。惭愧地说，我以前就是这么做的。这种威胁式的言语自然令我感觉不错，我通过声明银行的规定不容违反而显示了权威，但这种态度无疑对顾客表现出不欢迎和不尊重。

“于是，这一次我决定从人性出发，不再考虑银行而只谈论顾客的需要。最重要的是，我要让他从一开始就说‘是，是的’。我对他的做法表示认可，并说明他拒填的信息并非非写不可。

“不过，我说：‘假设您去世的时候在我们这里还有存款，您不愿意将钱过户给您的法律继承人吗？’

“‘当然愿意。’他答道。

“‘既然如此，’我继续说，‘您不认为把继承人的名字写出来会对我们届时及时、准确地依照你的意思办理有帮助吗？’

“他再次承认：‘是的，的确有帮助。’

“当这个年轻人意识到我们要此信息并非出于自身兴趣，而是为了他的利益时，他的态度渐渐缓和下来。离开银行之前，他不仅告诉了我们需要的全部信息，还接受我的建议开设了一个账户，他把自己的母亲设为账户的受益人，并爽快地回答了关于他的所有问题。

“我从谈话一开始就让他说‘是，是的’，这么做果真令他忘记了原本存在的问题，并高兴地接受了我的建议。”

西屋电器公司的销售代表艾林逊也为我们讲述了这样一个故事：

“在我的辖区里有一个十分重要的客户，公司一直想和他做生意。然而，前任代表和他联络了10年却没能谈成一笔业务。我负责这片区域后的3年里也定期登门拜访他，却同样一无所获。经过了13年的拜访和游说，我们后来终于卖给他几台发动机。如果使用没有什么问题，我们接下来就会签订几百台的订单，而这正是我所期望的。

“后来情况怎么样了呢？我敢肯定没什么问题，所以3周后兴致勃勃地给他打了个电话。但他们的总工程师的话令人震惊：‘艾林逊，我们不能再买你们的发动机了。’

“‘为什么？’我惊讶极了，‘究竟怎么了？’

“‘因为他们太热了。我无法把手放上去。’

“我知道此时争论没有任何意义，我以前争论得太久了，这次希望得到‘是’的回答。

“‘既然这样，史密斯先生，那好吧。’我说，‘我百分之百地同意，如果这些发动机运行起来太热了，您就不要购买。您必须选择那些符合国家标准的发动机，是不是？’

“他表示同意。我得到了第一个‘是’。

“‘国家电机制造协会规定，正常设计的发动机在运转时温度可以比室温高出72度，对不对？’

“‘是的，很对。’他同意，‘但你的发动机温度比那个高多了。’

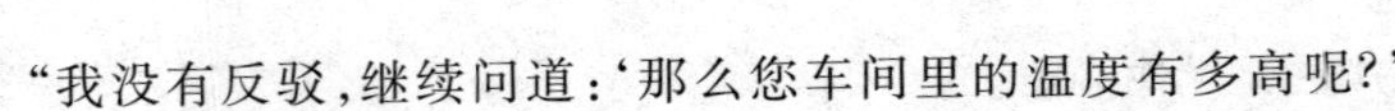

“我没有反驳,继续问道:‘那么您车间里的温度有多高呢?’

“‘嗯,’他说,‘大概有华氏 75 度。’

“‘好的,’我说,‘您车间的温度是 75 度,再加上 72 度就是 147 度。您把手放在一个有开水的水龙头下面怎么会不被烫伤呢?’

“他不得不再次说‘是’。

“‘这样吧,’我建议道,‘您以后不要再把手放在上面了。’

“‘好吧,我想你是对的。’他承认。我们又聊了一会儿。然后他就让秘书安排在下月与我们签订价值约 35000 美元的合同。

“几年来,我花费数千美元却一无所获,直到自己终于了解到争吵是多么没有意义。而从他人角度看事情并让他们说出‘是’,原本更能带来收益,并且充满了乐趣。”

第五辑
别做最讨厌的人

相信每一个人都不希望别人讨厌自己，但在生活中我们一些自以为善意的举动，却常常让身边的朋友远离。那些感叹自己心地好却缺少朋友的人，常常不注意对方的感受，不自觉地流露出优越感，常以自我为中心。

怎样才能让别人喜欢你，怎样沟通才能没有烦恼呢？这就需要你学会并能做到关注他人、理解他人、欣赏他人和赞美他人。

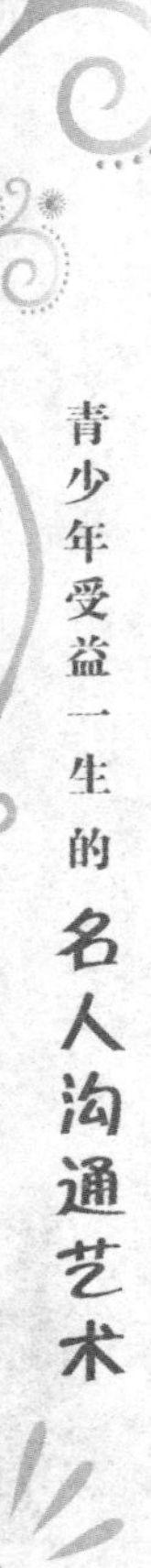

欣赏他人、赞美他人，沟通就没烦恼

□（台湾）戴晨志

戴晨志 自由作家。美国俄勒冈大学口语传播博士，美国威斯康星州马凯大学广播电视硕士。曾任世新大学口语传播系主任，台湾地区华视新闻部记者、编译，《华视新闻杂志》执行制作。

一次，我到一家快餐店去买可乐、薯条、炸鸡，准备上车赶路，可是排队购买的人很多，让我的心情高兴不起来。好不容易，终于轮到我点餐了，我口气冷冷淡淡的。点完后，服务小姐突然对我说："先生，你的领带看起来好漂亮、好别致哦！"

呵，她的嘴巴居然这么甜，使得四周客人的眼光都看过来！说真的，她这么一说，我蛮开心的，心想，这小姐真不简单，正当她忙于应付一大堆客人时，还有细腻的心思赞美一下客人的"小处之美"，真是不可多得的好服务员啊！

也曾有一小姐，下了班，身心疲惫地走到超市买报纸，在柜台结账时，正勤工俭学的年轻的男学生清了一下喉咙，大喊了一声："漂亮的小姐买晚报一份！"

原来冷漠的小姐一听，"扑哧"地笑了起来！呵，好一个"油腔滑调"的男生啊！未料，男生又对她说："小姐，你笑起来好漂亮喔！"

妈呀，这小子居然这么厉害，真是"谄媚高手"，一两句话，就把那小姐说得心花怒放，开心极了——管他是不是真心话，本姑娘开心就好了！

有人说："欣赏他人、赞美他人，沟通就没烦恼！"

的确，"赞美，是口角的春风、语言的钻石"；不管是大人、小孩、男人、女人，都希望被欣赏、被肯定、被赞美啊！我们常说"日行一善"，其实，人际沟通时，嘴巴甜、懂得看到别人的优点，且适时地加以夸赞，也可以算是"一善"呀！

以前，我有个女同事，新烫了头发来上班；一进办公室，小林一眼就看出来了，问道："你去烫头发啦？"

"对啊！"女同事喜滋滋地回答。

"噢！"小林噢了一声，即低头继续忙自己的事。

这时，女同事气得大声说："你死人哪？你连'很好看'三个字都不会讲啊？难怪你交不到女朋友！"

我们的嘴巴，常吝于给别人夸赞，可是，却又期盼别人给我们夸赞。其实，沟通时，只要"不虚伪、不言过其实、不颠倒是非"，适度地称赞一下对方，或表达自己"对别人的正面感受"，都非常有助于双方感情的建立，而达到沟通的效果。

在写《人际沟通高手》时，我想起以前小娟告诉我她亲身遇到的故事。在念大三时，小娟和女同学逛完街，一起搭公车回宿舍。一上公车，发现公车上只剩下一个空座位，而这空座位旁边坐的是一个"男性黑人"。

这时，小娟对同学说："你比较瘦小，给你坐！"

"你去坐啦！"同学反催小娟说，"刚刚逛街时，你一直喊累，你去坐嘛，不然等一下你昏倒，我扶不动你！"

"不，我敬老尊贤，你去坐！"小娟坚持说。

"不用了，我老当益壮，不必坐，你过去坐！"女同学也再三谦让。

公车上，只见她们两人推来推去，都不愿坐到"黑人"旁边。后来小娟说："我知道你为什么不去坐！"

"我也知道你为什么不去坐！"同学回答说，"我们都不要再推了，我们

都一起站着好了！”

过了两站，小娟看见那黑人站起来，要下车；当黑人经过她们身边时，用标准国语对她们说：“那里有两个位子，正好你们两个可以过去坐！”

此时，小娟和同学当场傻住！黑人下车了，小娟才对同学说：“幸好我们刚才没说他坏话，他国语讲得这么好，一定听得懂！”

“对啊，还好我们刚才没说为什么不坐他旁边。”同学不好意思地说。

“可是，问题是，我们虽然没讲，但他大概心里也知道！”小娟轻声对女同学说，“还好他刚才没有用国语对我们说：‘我都不歧视你们两个丑女人了，你们两个丑女人干吗歧视我黑人？’”

回到宿舍后，小娟把这故事说给室友听，结果大家哈哈大笑，一室友还说：“下次你们要小心一点，搞不好，那黑人会拿个镜子给你们，说：‘你们照一照镜子，看看你们有资格歧视我吗？我没有歧视你们就不错了！’”

有时我们觉得自己很理性、客观，待人很公正，一视同仁；可是事实上，我们心中会有“偏颇、好恶、喜憎”，以致在沟通时造成“偏私、歧视，以自我中心”！

且让我们记得“当我们在挑剔别人时，别人也在挑剔我们啊”！

惨烈的“集集大地震”，让许多人家破人亡、流离失所。我有一个朋友说，那天他在东势镇街上，远远看到一高中同学，但没时间说话，只是隔着马路“点个头、打个招呼”；没想到，当夜，这昔日同学就被压在倒塌的楼房底下，罹难了！

真的，人生无常，但愿我们都能把握“每次相遇、相处的机会”，让每次与他人的沟通，都能“少挑剔、多包容、常赞美”，也使生命更充满“喜悦与美好”！

拒绝别人一定要委婉，因为没有人喜欢被拒绝；被别人拒绝一定要大度，因为拒绝你的人总会有他的理由。

——汪国真

别做最讨厌的人

□ [美] 陶乐丝·卡耐基

陶乐丝·卡耐基 美国杰出的成功学大师戴尔·卡耐基之妻，1944 年与卡耐基结婚，并成为他的学生和事业的继承人。其成名作《写给女人》一书，以女性独特的眼光，去观察一个成功男人的背后，女性力量是如何延伸、前进，如何使女性能拥有幸福人生的，为女性朋友们提供了切实可行的生活指导，并成为卡耐基哲学思想、教育体系的有机组成部分。

人们可能会有意地去侮辱别人。恶意预谋一个骗局相当容易，相信你不会怀疑每天都有人这么做。然而，没有人——没有任何一个拥有成熟心智的人——故意去招人烦。

我们每人都有一份特别的表，上面罗列着我们经常抱怨的问题，我们私下里最不愿意接触的人、最不愿做的事。虽然表的内容份份不同，但我们都认可将遇见大闷人列为一件大事，认为他对人类的社会是一种危害。可悲的是，迄今为止，大家还没有共识去消灭他，仅仅是避开他罢了。法律，我甚至有点怀疑立法人的智慧，迄今为止，也并没有把“招人烦”当成一项重罪，甚至没有把它当成一种不当行为。所以，我们也不能把这样一个大闷人孤立起来。世上也没有一个小小的孤岛，让我们可以流放他。我们知道怎样将口蹄疫挡在我们的海岸线以外，但却没办法阻挡这个叫“烦人”的可怕疾病。

人们卖广告说有各种奇招，可以对付人身上从头到脚的毛病——香港脚、口臭、便秘、喉咙发痒、头痛、鸡眼和脱发，等等。但从来没有人声称，他会治好我们“招人烦”这个毛病。

如果说预防是治病救人的最好方法，那么，应该在治疗前先分析一下病症。我们这里探讨几种社会上广泛流行的“招人烦”病的病例，如果你发现自己有可以对号入座的症状，我们几乎可以肯定，为什么瑞平哈斯特太太上次的草坪派对不请你了。下面列出了几条症状：

一句话引发的洪水

一句简单、礼貌的客套话：“您的孩子都挺好的吧？”就足够了，足够引发如滔滔洪水般汹涌的一堆话来，全是关于这个闷死人的话题的，没一句值得一听。但是，你已经打开大门了，所以，你必须坐在那里，让洪水淹没你。如果你像我似的，对这种闷有点感受，那下面就是你将听到的话：

“哦，你知道啦，约翰——他是我的小儿子，最近他就是不吃亨氏。昨天他拿了一碗米糊，全都扣在头上。小家伙太可爱了。所以，我打电话给家庭医生，说‘医生啊，我想了各种办法，可是宝宝呢，他要不就把米糊一口一口地吐出来，要不就全扔在地上。最调皮的时候，他把米糊全抹在身上。’

他问我有没有在米糊里加香蕉，但这也太出奇了吧？约翰从来不喜欢吃香蕉。他可好玩儿了，管香蕉叫‘脚脚’，他说‘不吃脚脚’，挥着他的小胖手，吵翻天了。对他的年龄来讲，他很早慧；我们邻居的小孩子里面，没人像他那么会表现自己。真是神奇！对啦，有一天他使劲把桌布拉下来了，然后瞪着黑亮亮的大眼睛，看着我说：‘约翰，洒洒’。我和他爸爸差点笑岔气了。”

嘘！到了这个时候，你差不多已经死了，不过不是笑死的。

这种闷死人的话题，有一种恶魔般的能量，能把任何对话都拉回到它的老路上去，不管你以前的话题，跟它有多么的风马牛不相及。你挑起话头谈布兰朵或是布尔加宁(前苏联的一个元帅)，但都没有用；他——或是她——只想谈宝宝。

我就认识这样一个女人。如果我们的话题扯到了国际关系，或是牛肉的质量上，她总会使用她的谈话技巧，将话题拉回到她女儿达夫妮身上。这就是她的做法：

"不，你千万别相信那些俄罗斯人。就在去年的夏天，达夫妮的大学朋友想跟她一起去欧洲。他们原来没打算走到铁幕的那一边的，但他们的确是想过去西柏林。达夫妮问我，'妈妈，你觉得我们的计划怎么样？'于是我对她说……"

接下来又是诸如此类的长篇大论。那些烦人的人，心智完全不成熟。他们还没有长大，所以不明白，交朋友首要原则就是——为别人着想。

那些闷死人的长篇大论，很不幸，不仅仅是那些骄傲的父亲和溺爱的母亲炮制的。一个推销员，刚刚从布法罗出差回来，在那里他成功地推销掉一批防滑轮胎，他正好有一大堆细节来消耗你的精力，他会一五一十地告诉你，他怎样说服商店的经理下了1万美元的订单。

你有没有听过桥牌高手讲他是怎样动脑筋打成满贯的——有约叫法和叫加倍？对了，还有影迷。他喜欢讲最新的凶杀电影里的情节，听得你恨不得拿台灯砸他的头。

能把人闷死的腻烦话题包括很多类，它不一定是讲孩子、桥牌或是电影，也可以是丈夫喜欢折腾家具的嗜好，它可能是讲弟弟的工作，或是堂姐劳拉的悲情故事。它也可能是讲阿猫或阿狗的。有一次，我被人拉到曼哈顿一条繁华大街的街角处，一个熟人硬是让我听了足足20分钟她家的金丝雀胃肠是怎样工作的。

时时刻刻跑题

马克·吐温的一篇小说，活灵活现地描绘了这种大闷人的谈话方式，他本来想讲一个故事的，但就是谈不到点子上，通常是这样的：

"我有没有告诉过你，我去郝琵印第安人营地的事？对了，我们度假出去玩。那是星期五早晨——不，应该是星期四的早晨——你还记得爱拉

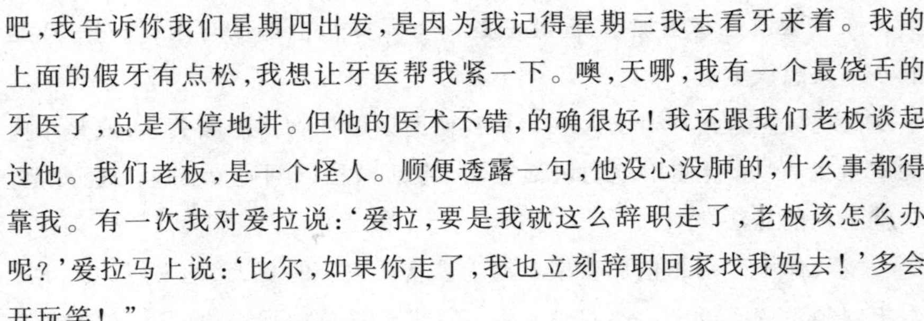

吧，我告诉你我们星期四出发，是因为我记得星期三我去看牙来着。我的上面的假牙有点松，我想让牙医帮我紧一下。噢，天哪，我有一个最饶舌的牙医了，总是不停地讲。但他的医术不错，的确很好！我还跟我们老板谈起过他。我们老板，是一个怪人。顺便透露一句，他没心没肺的，什么事都得靠我。有一次我对爱拉说：‘爱拉，要是我就这么辞职走了，老板该怎么办呢？’爱拉马上说：‘比尔，如果你走了，我也立刻辞职回家找我妈去！’多会开玩笑！”

关于郝琵印第安营地？一句都没有——就是这么的漫无边际。

像一截木头

这种人，比起那些话篓子来，从数量上看要稀罕得多，这是我能给他们的唯一正面评价。

你费尽心机想要找一个两人可以谈得来的话题，你表现出对他非常非常感兴趣。你拼命想把他“拉出来”，但白费劲儿，对你所有努力的回报，是一张毫无表情的脸，和偶尔一句半句的“嗯，嗯”。如果你走运——我就从来没试过走运——他可能会问句“真的吗？”算是对你的这场个人演出的嘉奖。

他是一个乏味的木头人，一个完全麻木、彻底迟钝的家伙。想要从他那里得到一点有意义的、礼貌的反应，比想卖给莫斯科人股票和债券还难。他那土豆般毫无生机的脸上，从不会有感兴趣的表情。他是活着的卡通人——如果你能把那也叫活着的话。

只能对他说 OK

跟这种人聊天，你说的每一句话都会“砰”地弹回来，像个手球似的，“啪”地又砸在你脸上。

他们知道每个问题的答案，对每个话题，他都直截了当地用一句话做结论，完全不容分说。如果你的观点恰巧同他的不一致，他会毫不犹豫地告诉你，你是多么的荒唐。

“哎——你简直是疯了，”他大叫，“难道你不知道事实已经证明了如何如何……偶尔碰到他心情舒畅的时候，他就会简单地说："不对，先生，你完全错了！听我告诉你……"

跟这种半大孩子似的快乐杀手打交道，麻烦在于他总是想告诉你什么事，非常粗暴，异常肯定，不容置疑——事实是总是有一些事你完全不想听。

跟这种性格的人在一起，只有一个可能的办法：不管他说什么，都说OK。如果不同意他的观点，不管你说得多么委婉，你都会发现自己立刻陷入一场激烈、无情的批斗中。讨论和交换看法是不可能的，因为他只关心他自己的观点，要让他的观点，像摩西颁布法律似的带着权威。

总是悲观失意

这些大闷人有一套共同的理论，那就是：世界走在通往地狱的道上了，不过不是那个地狱，是她手提小篮里的地狱；生活也是毫无意义，人间到处是笨蛋、骗子和百无一用的流浪汉；倒霉的事总是找她，甚至连气候都变了，当然是变糟了。

和这些派对害虫待上一刻钟，你会感觉你宁愿跟约伯交换一下坏运气，因为，你被他们传染了。不管你的心情多么的阳光灿烂，不幸的是，天生的悲观主义者，都会让你的心情乌云缭绕。

我的一个熟人，X太太就是一个典型。每次我碰见她，她都会一五一十地告诉我她最近的经历——当然，其中没一个是好的。

"我刚才出去买东西，"她哀哀地唠叨着，"我想买点厨房用的帘子。我等了足足有10分钟才有店员过来招呼我。他们其实一点也不忙，有的在来回瞎逛，有的聚在墙角那里聊闲天。他们当然不会理我了，觉得我不是有钱人，不值得一看。我去哪个店里都一样。最近几年我都遭了什么罪呀——还有身体，也完了！我的家庭医生都说不知道我是怎么熬过来的。我的肠道全坏了，鬼天气搞得我骨头疼。您肯定以为我们家里人一定会照顾我吧，算了吧，我去哪里也不会去他们那里找安慰。"

想要闷死我们的听众，谈话的主题还可以千变万化。

他们不停地说啊，说啊，既有口若悬河的女孩，也有强壮的男人。他们把自己放在聚光灯下，舞台的中央。观众的反应是一个大大的、长长的哈

欠,恨不能休克,直到这场摧残过去。

这些大闷人的问题是,他不知道他自己招人烦,正如我们前面所说的,没有人成心想要招人烦。这些大闷人看自己,还以为自己是派对的灵魂,活泼的美人儿,传播信息的使者呢,戴着诸如此类的高帽。你和我,往恐怖一点想,也许就是这样一个大闷人,自己还一点也不知道。

幸运的是,只要我们留心,总有一些迹象和征兆会提示我们,是时候闭嘴了,听众已经烦了。

一个迹象就是:听众僵硬的笑容和呆滞的眼神。我们在讲关于小威利的趣闻时,注意到听话的人好像越来越像僵尸,就最好别再往下说了。当然,这给了他一个机会活过来,把他孙子跟牧师的对话,一五一十地重复给我们听,但是,我们还是做对了。

另一个迹象就是:偷偷摸摸地看手表。如果他还使劲地摇那块表。拿到耳边听它还走不走,那你更不用怀疑是时候闭嘴了。咒语已经解开了,我们知道自己是什么样的人了。做公开讲话的人,对这种手表测验特别敏感,或者是应该特别敏感才对。

游离的眼神也是一种提示,提示我们谈话应该停止。在忙乱的鸡尾酒会上,我们抓到一个倒霉蛋,温柔地把他拉到角落里,用密不透风的谈话把他困在那儿,他唯一的求生工具就是他的眼睛,他用哀求的眼神,向来往走过的朋友求助。一般很少成功,因为没人愿意同这个小囚徒交换位置,不是他们帮不了他。从人道主义出发,我们应该有点慈悲心,立即停止谈话,放了人家。

某些爱找碴儿的人可能会问:烦人和成熟心智、精神健康或是精神有问题,有没有什么关系。可能有这种事,比如某人过着不错的日子,爱妻子和孩子,有百万身家,也不偷税漏税,但他是个十足的大闷人。可能有,绝不是一定有。因为,烦人,意味着他缺乏智慧,没有想象力,对别人的感受不敏感。而这些,正是塑造健康人格,从别人那里收获积极回应必不可少的品德。

招人烦的人,既不了解自己、不爱自己,也不是他自己。他不知道自己的基本需要,更别提满足自己的基本需要了。因此,在同别人的交往过程中,他也不懂得对方的基本需要。为了补偿内在的空虚,他加倍关注琐事,关注事情无关紧要的那方面,把这些东西不合比例地放大。他的交情像他的精神一样的乏味。他一点也没趣——漂在社会里,没有坚实的锚地,没有可以参照的固定坐标，他就是这样一个悲剧式的现代人。

招人烦，仅仅是病态人格的一个症状，他的个性停止发展，静止不动了。

个性成熟、健康发展的人，有能力宣讲任何事，绝不会让听众感到烦闷，因为他赋予他的想法以深刻的意义。同样的话题，大闷人讲起来，可能既闷又没生气；但他讲起来就不同，通过他的话，这个题目变得鲜活起来，因他而闪耀着光辉。

大闷人，也许是我们成长过程中最大的陷阱，因为大闷人是太可怕

人际关系

□ [美] 斯科特·亚当斯

斯科特·亚当斯　1957 年生，美国作家。他的《迪尔伯特原则》发表在全世界 58 个国家超过两千种报纸上，创造了广为传诵的职场小人物“迪尔伯特”形象。已发表作品有 22 本，热卖超过千万本，其中有两本荣登《纽约时报》畅销书排行榜的榜首。

老人摇摇椅子，笑着对我说：“你常常一个人对不对？”

他说对了，我喜欢一个人。我有朋友，但我情愿回家。

“你怎么知道？”我问。

“每次只要我提到观念之类的事情，你就眼睛一亮。”

“真的吗？”

“小朋友，这世上有两种人，一种人满脑子只想到人，他们一聊起天来，话题离不开人——谁在做什么，谁说了什么，谁的感觉怎么样等。另一种人擅长观念，他们的话题脱离不了观念、概念和对象等。”

“我一定是观念型的人。”

“没错，而且这已经对你的私人生活造成困扰，只是你不明白为什么。”

“你太先入为主了，你凭什么认为我的私人生活有问题？”我必须承认他说得没错，每个人的私人生活都不完美，但我的缺陷却非常明显。

他继续说道：“像你这种观念型的人很无聊，就算其他观念型的人，也认为你很无聊。”

“嘿，你是在侮辱我！”我没有当真，只是随口说说，“我承认我不属于任何小圈圈。每次聊天时，只要我想插进什么有趣的话题，大伙儿立刻静下来，直到有人改变话题为止。我认为我蛮有趣的，但别人不这么想。好像人缘好的人只要言之无物就可以了。我常有一些有趣的事情想和大家分享，你觉得别人会有兴趣听吗？”

“事实上，人缘好的人只是看起来像言之无物，”他反驳道，“其实，他们谈的主题都是大家喜欢听的，他们谈的是人。当一个人谈到别人时，对听者而言，就非常切身相关。你会自动把听来的故事和自己扯上关系，心想如果是你，你会怎么反应？你的人生会怎么样？另一方面，如果你说的是你在五金店找到的新型工具，没有人会觉得那个工具和自己有什么关系。不管它多有用、多新奇，它终究只是个东西。”

“好吧！那我要怎么样才能变得比较有趣？”

“如果我给你意见，你会照做吗？”

“也许吧，看意见而定！”

“不会，你不会照我的建议做，没有人会照别人的建议做。”

“你太夸张了吧！”我说，“照别人的建议做很平常啊！这可不是假象哦。”

“大家都以为自己会照别人的意见来做，其实不然。人类只会接受讯息，然后创造自己的意见。如果你想影响别人，不要浪费时间给什么建议，你只能改变对方的知识，而不是他们的做法。”

“好吧！那你可不可以给我一点知识，有助改善我的私人生活？”

“也许吧！”他紧紧握住裹在身上的红色格纹毯，说道，“你对什么主题最有兴趣？”

“应该是我吧！”我承认道。

“没错，这是人的本性。不管你在聚会中遇到谁，他们对自己的兴趣绝对高过于其他主题。要是你想打破沉默，可以简单问一下对方的生活。”

“那好假哦！”我说，“主要是，这好像在审问对方。再说，我也装不出来很感兴趣的样子。如果他刚好是个卖皮鞋的，又和他妈妈一起住在奥尔班尼，我一定会睡着。”

“当你提问时，你也许觉得很假，但对陌生人来说，可不见得哦！对他来说，这是突如其来的礼物，一个享受人生乐事的罕见机会：谈谈自己。他会变得很活泼，立刻喜欢上你。在他眼中，你成了一个聪明绝顶又有天分的健谈者，其实你唯一的贡献只是提问题和注意听。你解决了陌生人害怕的尴尬场面，为此他会很感激你。”

“我是解决了那个陌生人的问题，但我得听那家伙高谈阔论地谈论自己，结果没病的反而生病了。”

“你只是在一开始向对方提出问题，之后你就可以操纵他，往你最关心的话题上引——你自己。”

“他不是想谈自己吗？”

“当你听到别人怎么处理自己的问题时，你很自然就会联想到自己。”他说，“在你的生活里，一定和他有一些相似处。找出你和他的共同点，然后问他的感觉是什么？他会怎么处理？是不是有更好的解决办法？也许你们两个都是飙(biāo)车族，或者你们的妈妈都喜欢打电话来唠叨，也或者你们都喜欢溜冰。找出共同的兴趣，你们就能既迎合对方，又谈到自己。”

“和别人聊聊我对重大事件的看法，这样好不好？”我问，“我常和别人争辩。好像我对一般事物的看法比较深入，所以我觉得我有责任点醒大家。虽然有时候，我真想闭上嘴巴算了，可是每次听到有人大放厥词，而且很多人哦，我就忍不住。”

“你有没有遇到过绿灯亮了，但前面的车子动也不动？于是你按喇叭，后来才发现原来是车子抛锚，对方一点办法也没有。”

“有啊！我还按喇叭呢，好尴尬！”我说。

“大多数的意见不合就像我举的例子，两人有不同的信息，但他们却

认为彼此的意见不合,是出在对方没有判断力,态度不好,或价值观错误。事实上,大多数人都能接纳你的看法,只要他们和你有一样的信息。如果你是花时间去和对方争辩他的看法错了,你只是浪费自己和对方的时间而已。唯一有效的方法是检查两人看法之间的差异,为对方补充不足之处。有时候光这么做,就能让两人的看法最后取得一致。”

“嘿,你能不能教我怎么和女人相处,我一定用得上。”

“我可以教你一点啊!”

“我会虚心接纳。”

“在某些方面来说,女人相信男人是女性的缺陷版,”他开始说道,“而男人相信女人是男性的缺陷版。双方都陷入假象,以为他们的看法才是对的。这种看法——两性都是对方的缺陷版——正是所有误会的根源。”

“这对我有什么帮助?”我问。

“女人利用两性关系来界定自己,男人利用受助对象来界定自己。女人相信唯有牺牲才有价值。如果你为了陪她,愿意放弃自己热爱的活动,她就会信任你。反之,如果陪她对你来说是很轻而易举的事,她就不信任你。一开始,你必须象征性地做出牺牲,譬如为了买花送她提前下班;为了和她约会,取消你的棒球赛,诸如此类,等等。”

“为什么女人大都爱有钱人和名人?”我问。

“一半是因为有钱人和名人能够做出更大的牺牲。一般人为了陪女朋友,顶多只是牺牲晚上看电视的时间,但有钱人和名人却可能牺牲去大溪地度假的时间。当然啦!有人会说有钱人比较有权势和有自信等,其实牺牲程度才是最重要的关键。”

“男人重视什么?”我问。

“男人相信成就创造价值,他们为生命中的女人定好目标,如果那个女人能符合他的目标,他就认定她爱他,反之,就表示不爱他。男人相信,如果那个女人爱他,她一定会更努力去尝试。而他也相信他定的目标很合理。”

“什么目标?”

“每个男人定的目标不同。他们很少告诉别人,因为只要说出来,就会惨兮兮。没有女人可以忍受得了别人为她设定目标。”

“要是那个女人做不到那些秘密目标,他怎么办?他要怎么让她改变?”

“他什么办法也没有。”他回答，“人不会为了配合别人的目标而改变，男人也许可以小幅度地改变——像衣着打扮、发型和态度——因为这些东西对多数男人来说，不是顶重要，但女人根本不会改变。”

“我没听到什么有建设性的话。”

“在两性关系中，你顶多只能祈求自己找到一个你不介意对方缺点的人。如果你只想找到零缺点的对象，或者指望对方能为你彻头彻尾地改变，根本是白费工夫，这种对象只存在于我们的想象中。”

“假设我找到一个对象，我不在乎她的缺点，”我说，“但最麻烦的就是维系感情，我在这方面很不顺。”

“女人需要你告诉她，你愿意为她做任何牺牲。男人需要你告诉他，他很能干。当男人或女人不照这个公式来套时，另一方就会失去对你的信赖。一旦信赖不在，自然就没有沟通。”

“我倒不认为要先信任对方，才能沟通。我随便抓个人，也能说上几句话。我很容易相信别人，也很容易不相信别人。”

“没有信任，你的沟通会很肤浅。沟通要事时，要是没有信任做基础，对方就会认定你有所隐瞒，你的话会被认为是别有用意，再简单的讯息也被打上问号。”

“我懂你的意思了，我要怎么样让别人信任我？”

“说谎啊！”

“你在开玩笑，对不对？”我问。

“隐瞒你的聪明才智和成就，用一些侥幸的字眼来描述自己的成功，就好像你是误打误撞得来的，夸大自己的缺点。”

“我干吗告诉别人我是失败者和白痴？诚实一点不是比较好吗？”

“诚实就像食物，两者都有必要，但吃太多了，反而不舒服。如果你对自己的成就保持低调，就会让别人觉得他自己的成就还不错。虽然不诚实，却不失厚道。”

“这个建议还不错，还有别的建议吗？”

“你认为聊天是浪费时间？”

“没错，除非我有什么要事要谈。我真不明白，为什么有人喜欢闲扯淡？”

“你的问题就在于你认定谈话是交换信息的渠道。”他说。

“本来就是啊！”我说，心想我已经说得够明白了。

“谈话不光是言语的集合，也代表对方很重要，你愿意把自己的珍贵资源——时间——送给对方。它是一种尊重的表现。谈话点醒我们，原来我们都是巨大整体的一部分，我们之间的关系并非责任、血统或商业所能界定。谈话可以有很多种，但绝非一无所用。”

接下来那几个小时，老人继续谈着社交生活的成功秘诀：要时常心怀感激；你的付出必须比对方预期的多；说话语气要乐观；不吝于拥抱触碰对方；记住别人的名字；不要搞混弹性和懦弱这两者的不同；不要以对方的错误来论断对方，而要看对方如何善后；记住你的外表只是为了让别人赏心悦目；先满足自己的基本需求，才能帮得了别人。

我不知道自己能不能完全照他的话来做，但似乎可行。

恰当距离

□于　丹

于丹　女，1965 年生。北京师范大学教授，中国古代文学硕士、影视学博士。出版《形象 品牌 竞争力》等专著多部，在重要学术刊物发表专业论文 10 余万字。2006 年在中央电视台《百家讲坛》解读《论语》、《庄子》，受到观众欢迎，并有《于丹<论语>心得》等作品出版。

在这个世界上，所有没有分寸、没有尺度的事情，都会做到过犹不及。与朋友相处，同样应当注意分寸，比如你跟一个君子交朋友的时候，什么时候说话，什么时候不说话，自己都要有尺度。

孔子说，“言未及之而言，谓之躁”（《论语·季氏》）。意思是话还没说到那儿，你就出来发表意见了，这叫毛毛躁躁。这不好。大家有大家的公共话题，一定要到众望所归，大家期待一个话题的时候，你再徐徐道来，这个时候才是合适的。

现在很多人在网络上都有自己的博客，其实是急于把内心深处的一些东西展示给人看，但过去没有博客，大家靠说话来交流了解。大家也许会发现，朋友聚会的时候，总有一些人喜欢滔滔不绝地说自己关心的事情，比如我最近去打猎了，我最近升职了。或者有一些女性朋友聚会时，有的人上来就会说我男朋友怎么样，我的孩子怎么样，等等。这些当然都是她特别想说的话题，但这些话题是不是大家一定关心的呢？也就是说，她一个人说话的时候无形中剥夺了其他人选择话题的权利。所以，在“言未及之”的时候喜欢跳出来说话是不好的。

但是还有另外一个极端，“言及之而不言”，孔子说这个毛病叫做“隐”。

也就是说，话题已经说到这了，你本来应该自然而然地往下说，可你却吞吞吐吐，遮遮掩掩，不跟大家说心里话，这种朋友会让大家觉得彼此心里还存有隔膜。话题既然已经到这里了，你干吗不说呢？是自我保护？还是故作矜持？还是要吊大家的胃口？总而言之，该说的时候不说，也不好。

第三种情况，用孔子的话说就是“未见颜色而言，谓之瞽（gǔ）”，也就是我们今天老百姓所说的没眼色。

这个“瞽”字说得很严厉，就是一个人不看别人的脸色，上来就说话，这就叫睁眼瞎。你要注意了解对方，你要看看什么话能说，什么话不能说，这就是朋友之间的尊敬和顾忌。其实何止是朋友，夫妻之间、父子之间，难道就没有顾忌吗？每一个成年人都有他生命中的光荣与隐痛，真正的好朋友不要轻易去触及他的隐痛，这就需要你有眼色。当然这跟投其所好不同，这是你给朋友营造的一个宽和与友好的气氛，让他跟你沟通下去。

在世界采访史上，有一个著名的案例。

费雯丽在美国好莱坞拍的影片《乱世佳人》获得了11项奥斯卡奖提名之后，一举成名。当这个电影风光无限，首次去欧洲巡演的时候，费雯丽乘班机降落在伦敦停机坪上。成千上万的记者在下面围着。

有一个没有眼色的记者冲在了最前面，他非常热情地问刚刚走出舷梯

的费雯丽说，请问你在这个电影里扮演什么角色？这一句话使费雯丽转身就进了机舱，再也不肯出来。

在对采访对象毫无了解的情况下说的这句话，不就像瞎子一样吗？

还有，在给朋友提建议或忠告的时候，虽然你的出发点是好的，但也要把握分寸。

孔子对子贡说，向人进谏时，要“忠告而善道之，不可则止，毋自辱焉”（《论语·颜渊》）。就是不一定要做苦口良药，不一定要当头棒喝，你完全可以娓娓道来，这就叫“善道之”。如果这样还说不通，就适可而止，不要等到人家不耐烦了自取其辱。

你千万不能要求对方必须如何如何。其实，在今天这个社会里，包括父母对孩子都不能提出这样的要求，每一个个体都是值得尊重的，朋友之间尤其要保留这种尊重。好好地说出你的忠告，尽你的一份责任，这就是好朋友了。

强势沟通是一种攻击

□(台湾) 吴淡如

吴淡如　女，1964年生，台湾宜兰县人。是台湾家喻户晓的电视台、电台节目主持人。已出书多种，大都是畅销佳作，如《真爱非常顽强》等。她本人连续5年获金石堂最佳畅销书女作家第一名，被誉为“台湾畅销书天后”。

有朋友在家中办圣诞 Party，要我帮她联络与我比较熟的阿品。个性向来比较“择善固执”的阿品问:“还有什么人呀？”

我将名单口述了一遍。他沉默了半晌说:“啊，那我还是不要去好了。”

“怎么？谁犯着你了？”

他吞吞吐吐,才说出一个名字。

“你不要以为我跟她有过节……我没有跟她过不去。只是根据我以往的经验,有她在的时候,我都觉得很不好玩……她太强势了。”

“哈哈,再强势有我强势吗？你并不怕我呀。”我说。

“不一样,”阿品又想了想,慢条斯理地说,“你是很坚强,你的强势是对自己要做的事很坚持,很有主见,别人动摇不了你的意见,你的强势和我无关;她的强势是对别人很强势,很爱管闲事。一看到我,可能会问我为什么又和女朋友分手了?为什么不结婚?总是这样……让我脸上斜线像雨点一样一直划下来。”

我笑了。他讲得蛮有道理,我也有点怕那人。看到她,我总像进了训导处的小学生。她对于别人家的事情都要强势过问,讲话语气也很强势,口头禅是“你错了”、“我跟你说”,一根食指老是戳着对方,总想教导人家什么,不管人家是不是赞同她的看法、想不想听。

应该说,她总是采取强势沟通吧。过去我也有不愉快的经历。她一碰到我,就开始训话,先陈述许多她听来有关我的意见,“听我进一言……我告诉你,你应该要更上一层楼才对……”各种建议倾巢而出,包括建议我写一本批评世态乱象的书和一本有关女性如何对抗家暴的书，以端正社会风气云云。我连忙道谢,找借口说要上厕所。

阿品说:“我曾经看过一句话:强势沟通是一种攻击。我听她说话,老觉得自己被攻击。”

不注意对方感受，不自觉流露出优越感，自我中心地过问别人闲事,都是强势沟通,言者头头是道,听者老觉得拳头不断挥过来,的确像是攻击。

感叹自己心地好却没啥朋友的人,说话模式大概都有“强势沟通”态势。也无怪乎大家躲避。

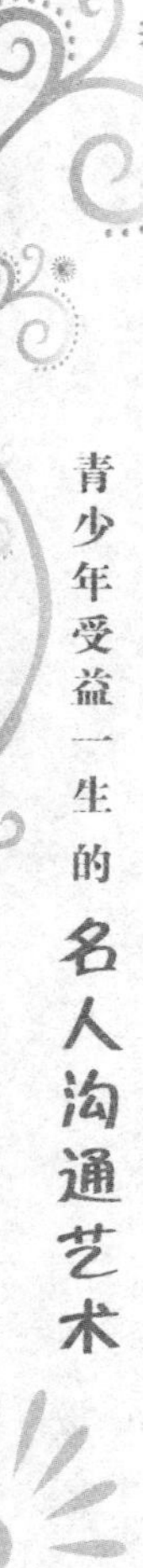

是、不是和我不知道

□ [英] 比尔·麦克法兰

比尔·麦克法兰 曾为英国 BBC 和天空体育台主持节目,主持过的节目有《世界上最强壮的人》和《早间新闻》。经营自己的媒体咨询公司,该公司是英国最成功的媒体咨询公司之一,举办了 1000 多场培训,教授人们如何提高自己当众发言或接受广播电台和电视采访的技巧。

我和妻子卡罗琳在南卡罗来纳州的查尔斯顿市冒着 32℃的酷暑走了很长时间,想喝一杯可口的黑咖啡。我们走进一家咖啡店。女服务员看到我们进门很高兴,像是迫不及待地要告诉我们她刚才的工作。

“你们好,今天早上你们好吗?”她招呼我们。

“与死亡只有一线之隔。”我回答说(开个玩笑,我当然不会真这么说)。

“我很好。谢谢!”我自然而然地回答,“你好吗?”

“非常好!”服务小姐回答,“刚才我正在把巧克力汁浇到草莓上,你们要尝尝吗?”

既然服务小姐亲自邀请我们尝尝她辛辛苦苦做出来的美味,而且她又显得那么热情,如果再拒绝是不是显得太没礼貌了?

我们就点了浇上巧克力汁的草莓,居然出乎意料的要 8 美元,还有咖啡。

在我们享用点心和咖啡的时候，一个看起来风尘仆仆的商人手里拿着公文包，满头大汗地走进咖啡店里。“早上好！”服务小姐招呼他，“我正在把巧克力汁浇到草莓上。你要尝尝吗？”

“不了。请给我一小杯香奶咖啡好吗？带走。”他明确、礼貌地回答。

那服务小姐流下了眼泪吗？这个拒绝把她压垮了吗？

才没有。她只是微笑着说：“好啊。”然后，倒了一杯咖啡。

卡罗琳和我相对一笑，我们的表情在说：“我们俩可真是的，我们本来也只想要咖啡。”

这个满头是汗的商人说了“不”，完全得到了他所想要的，而我们没有说出这个“不”字，现在桌上就摆着小姐大力推销的、价格昂贵的浇着巧克力汁的草莓。

回到英国，我看见很多逛商店的人从为慈善事业募捐的志愿者身边急速逃跑，假装是聋子，听不见请求他们募捐的声音，更听不到他们说“不了，谢谢”。人们告诉我在对几个类似的请求都回答“不”之后，他们觉得自己太消极了，虽然正确的回答就是“不”。

当然，如果你说了一个“不”字就没有下文了，你就是在消极面对，只给出一个留有尾巴的回答。所以，你必须要做的是找到正面的解决方案，而不仅仅是给出一个否定的回答。

我们让做零活的人来估计一下粉刷房子的前檐需要多少费用。这个工作不容易做。屋檐曲曲折折，离地面的高度从5米到10米不等，一些油漆工不愿意干，太麻烦，不如去接其他工作。所以，当油漆工来了以后，我和卡罗琳打了一个小赌，我赌他会找一个理由不做这份工作。

油漆工看了一眼高处的屋檐，说：“天哪，我没有足够高的梯子。”我试着帮他想想解决办法，问他知不知道从哪儿可以借一个梯子来。“不知道。”他明确地给出了否定的回答。我们的合作关系就此结束了。

第二个油漆工看到屋檐的高度也迟疑了一下。“你有足够高的梯子吗？”我试探着问了一句，没敢想他会给出肯定的回答。“没有，”回答果然是否定的，“但是，我的一个哥们儿有。肯定可以从他那儿借几天。”

问题解决了。他一开始也说的是“不”，但他没有停在这儿，而是继续下去，直到找出答案。

这个油漆工彼得用借来的梯子把屋檐刷得非常漂亮，他在最高处把白油漆弄洒在了台阶上，但是应用了“遗憾、原因和补救”3R 口诀挽回了局面。

“不”或“是”，两者都完全可以作为一个回答的开头，但是不能省略掉，省略掉的话就会带来麻烦。

如果你的一个同事让你评价他写的报告，你看下面这个回答他会接受吗？

“报告挺有意思。写的方式与我所设想的不同，但是也挺有意思。”

我觉得他会对你没有给出一个明确的答复而感到沮丧。但是，如果你重新组织一下：

“是，我喜欢这个报告。报告挺有意思。写的方式与我所设想的不同，但是也挺有意思。”这样回答的话，他就觉得你给了他一个直接的回答。

“是”是一个强有力的词。

我的大女儿维多利亚在上大学时也打工，一个打工的同事问维多利亚是否认为她是一个霸道的人。

“是的。我认为你是一个霸道的人。”维多利亚直接、勇敢地回答。对方听了很震惊，开始为自己辩护。维多利亚和我都认为对方问她这个问题的目的是想让维多利亚公开地否定这个同事霸道，但是，这个小伎俩没有成功，现在这个欺负人的女孩了解了“是”的巨大力量。

除了回答“是”或“不”以外，还有第三个选择，那就是“我不知道”。

拿我自己为例。我受到过很好的教育，有新闻专业的文凭，同时在报纸、电台和电视业中工作了 25 年以上，而且我总是对时事新闻有着浓厚的兴趣，对客户的业务、朋友和同事的生活也总想了解得更多，即使有以上林林总总的有利条件，我还是要坦白：

我所知道的就像一滴水，而我的无知就像大海。

我对自己所不知道的该怎么办呢？掩盖起来？在我不知道的时候也假装知道？还是先承认我不知道，然后再找到问题的答案呢？

我总是采取后一种方法。那为什么我们中有那么多人不敢使用四个简单的字所组成的诚实的回答“我不知道”呢？

看起来就像是人们在商界中爬得越高，受到的压力也就越大，尽量避免使用这个四字真言。和“不”这个回答一样，“我不知道”重复了几遍以后可能会给人留下消极的印象。

在一个培训课程之后，一个学员向我承认说：“对你那么多的问题，我只能够给出‘我不知道’这个回答，我非常讨厌这一点。”

我提醒他，如果虚张声势地渡过这个难关，后果会更加糟糕，虚张声势是指他假装知道一些他明显不能肯定的东西。如果我们开始虚张声势，就意味着开始瞎编。如果我们开始瞎编，就意味着我们撒谎了。如果撒过一次谎，就意味着被称为“撒谎大王”。一旦被贴上“撒谎大王”的标签，想要去掉就需要很长的时间。

我也向这个学员指出“我不知道”是回答我的大部分提问的正确说法，而且，他在说完“我不知道”以后也解释了他知道些什么内容。我们之间的访谈是这样的：

“这次要裁员多少人？”

“我不知道。裁员的范围要等到下一个季度的销售数字出来以后才能确定下来。只有在那时，我们才能有一个最终确定的裁员数字。”

“这次裁员会是最后一次吗？”

“我不知道。近几年来市场波动得很厉害。当市场对我们的产品需求增大时，我们就会招聘更多的员工。但是，当需求减弱时，不幸的是，我们不得不裁员。”

如果回答完“我不知道”就没有下文了，就会听起来消极、被动，甚至生硬粗暴。但是，每次说完“我不知道”以后再详细解释一下就很有帮助，让对方可以更多地了解这次谈话的内容。没有下文的“我不知道”本身是有问题，但是，加上你知道的内容后，“我不知道”反而成了解决问题的跳板。“我不知道”意味着你在实话实说，已经把你所知道的所有信息告诉对方了。

如果你觉得自己不用“是”、“不”或“我不知道”中的任何一词也能回答某些问题的话，看看前内务部大臣迈克尔·霍华德在1996年接受BBC《新闻之夜》节目主持人杰里米·帕克斯曼采访时的表现吧。

帕克斯曼就监狱长德里克·刘易斯的辞职一共向霍华德提出了14个直截了当的问题。14次提问中的每一次，迈克尔·霍华德都拒绝直截了当

地给出答案,而是顾左右而言它。他就像泥鳅一样滑不唧溜,但是,每一次的闪躲,每一次避免使用“是”、“不”或“我不知道”来回答问题都使已经被动的局面变得更糟。

事实上,《新闻之夜》那天晚上片子断档了,制片人还想着这个访谈结束后用什么节目来救场。所以,霍华德在采访中的磨磨唧唧反而帮了制片人一个大忙。一些政治评论家在分析霍华德为什么没能够当选下一任的保守党领袖时,特别指出了他在《新闻之夜》的访谈表现,认为他在德里克·刘易斯问题上的处理不当是他政治生涯的一个转折点。

慎重给人提建议

□ [美] 厄尼·J.泽林斯基　史　强/译

厄尼·J.泽林斯基　美国著名的专业顾问和演讲人,一生致力于在商业和休闲领域,推广其具有创造性的工作方法和生活模式。代表作有《你能不能不工作》、《懒人非常成功》等。

德国诗人奥托向一名医生咨询他的健康问题,医生建议奥托戒掉烟和酒。接着,医生又说了一句:“这次咨询收费3马克。”奥托回答道:“我不会付钱的,因为我还没有采纳你的建议。”

毫无疑问,你已经从亲身经历中发现过这种情况:像奥托一样,大多数人都不听从建议，无论这些建议有多好。如果采纳了别人的建议可能会有很大的帮助，但这些涉及工作和成就的建议，会让大多数听者不高兴。提建议不仅可能会浪费时间和精力，甚至可能会很危险。

最大的危险，就是在别人没有征求意见的时候提建议。有些人会拒绝采纳建议，无论这些建议有多好，或者你的初衷有多高尚。如果你坚持这样做，你和他们之间的关系就会受到影响。别人可能不会感觉到你是在努力帮助他，相反，他会觉得你的判决意味太强烈了，让他受了冤屈。你的建议很可能会被忽略掉，因为大多数人都不希望让自己蒙冤。

试图用自己主动提出的建议来解决别人的问题，也属于试图改变他人这一类。不要再把时间和精力浪费在试图解决别人的问题上了，这也包括你的配偶、朋友和工作伙伴。这种试图解决他们的问题的做法，等于是在说他们没有能力自己做好这件事。对于主动提出建议这种行为，本·富兰克林可能已经给了我们最好的建议："智者不需要建议，傻瓜不采纳建议。"

即使是有人请你提建议，可能也会很危险，因为问题在于我们所提的建议可能正好和人们希望得到的相反。乔希·比林斯说过："当有人来向我征求建议的时候，我先弄清楚他希望得到什么样的建议，然后再向他提出这种建议。"向人们提供他们希望的建议，这可能是一种解决那些实际上并不重要的问题的好策略。然而，对于更重要的问题来说，提供人们希望的建议则是有害的。由于人们对自己的困境没有一个完整而客观的正确评价，他们可能希望得到的是能结束困扰局面的建议。

提出好建议，也可能会让你陷入麻烦中。奥斯卡·王尔德写道："提建议总是很愚蠢的，但提出好建议则是绝对致命的。"有很多时候，人们要求你告诉他们真相，但是这样一来，你就可能会因为说了真话而付出代价。无论何时，当一个朋友问你如何才能把刚才请你品尝的肉做得更好时，聪明的做法就是不要谈那些应该改进的数十种地方。否则，你可能会再也没机会吃到任何美味了，因为在你穿的那件昂贵的新衬衣上面，很可能会被泼上一碗肉汤。

在提建议这场游戏中，你可能会要么失败，要么打个平手，就是不可能赢。无论何时，当人们接受了你的建议，并且得到了帮助时，也不会因此

而感激你，甚至可能不记得你给他们提过建议。相反，无论什么时候，当他们接受了建议却变得更糟时，都不会忘记是谁给他们提这种建议的，甚至可能会因此而怨恨你。

最好避免牵涉到别人的个人事务中，尤其是如果你没有受到邀请，就更要如此了。作为一个善于平衡的人，你不应该通过主动提供建议来得到自我满足。如果你正要主动提供建议，那就建议那个人，最好不要随便接受别人的建议——包括你的建议。无论何时，当你必须因为受邀提出建议而说些什么的时候，就简单地说说，简短点儿，不要大声叫嚷。

怎样让别人喜欢你

□ [美] 奥里森·马登

奥里森·马登(1848~1924) 美国家喻户晓的《成功》杂志的创办人。他被公认为美国成功学的奠基人和最伟大的成功励志导师。一生撰写了大量鼓舞人心的著作，包括《一生的资本》、《思考与成功》、《伟大的励志书》、《成功的品质》、《高贵的个性》等。

是的，你可以强迫别人喜欢你，即便你眼下尚未深入人心，即便别人讨厌你。你可以非常关心别人，可以悦人、无畏、助人，以至于别人不得不被你吸引。你可以强迫他们喜欢你，你可以吸引他们，像钢板挂钩那样钩住他们。吸引人的是心智，而能否吸引人则在于是否愿意培养和强化这些品质。

很多人能力超常、成就斐然，但生活却相当失败，因为其个性使别人刚认识他时便对他怀有偏见。

有人说，碰到某个讨厌鬼时，我们唯一能做的就是逃之夭夭或者挥拳相向。我认识一位女士，她聪明过人、心底无私，但总是办错事、说错话，从而常无意中惹恼别人。她为自己的诚实而自豪，她受到批评时也无所畏惧，直言不讳。她不断说些让人听不下去的话，给陌生人也老是留下坏印象，然而，她却非常和善、厚道，愿意不遗余力地为那些需要帮助、需要鼓励的人做一切事。然而，这位我所见过的最乐于助人的女士，却以令人反感的说话和做事方式拷打着别人的灵魂。她不明白自己为什么不能吸引别人。她希望受人捧，渴望招人爱，但人们就是不喜欢她，她盼望过一种吸纳一切的生活，但却在排斥一切。

如果不受人欢迎，如果别人躲着你而你不明就里，不妨作个自我剖析，认真检讨自我。你会发现，自己身上确实有排斥人、对抗人、惹恼人的品性。你可能发现自己身上有许多东西过去没有看到。这种自省也许对你是一种启迪。

一段时间前，我曾和一位年轻女士交谈。她说自己从不招人喜欢，也从来做不到招人喜欢，无论走到哪里，她都总是一个局外人。她引不起别人的兴趣，似乎没有人想和她说话。她说自己的母亲就招人烦、情绪化，有精神抑郁倾向，并且说，她相信自己不得人心是命中注定的，无力改变。这种想法可真荒谬。

要想别人喜欢你，你首先必须喜欢别人；要想别人对你感兴趣，你首先必须对别人感兴趣。如果希望招人喜欢，就不能情绪起伏、闷闷不乐，或者脾气暴躁、过于敏感、充满愤恨、神经质。脸皮薄、过于敏感的人向来易受伤害。他们总认为别人在设法陷害他们。你应该将痛苦、磨难和不幸留给自己，不要拿悲伤和苦难招摇过市，或者喋喋不休地念叨你的苦恼如何如何。永远只考虑自己的人是绝对不会吸引别人的。

对你所在的集镇或附近地区最招人喜欢的女孩作一分析，你会发现她和蔼可亲、喜爱交往。她也许并不聪明、没有受过教育或者有多高的涵养，但她却善于交际、惹人喜爱。她能让别人感到惬意和快乐。她不仅能与别人同甘，而且还能共苦。她懂得如何聆听，她不会絮絮叨叨地只谈自己。

没有什么比自私更令人反感,没有谁比凡事只为自己考虑、只关心自身利益的人更让人嗤之以鼻。这种人完全不关心别人是否舒服、是否幸福,不仅不招人喜欢,而且还缺乏或缺少体现某种优秀个性的品质,而他们稍微勤奋一点儿、坚韧一点儿,就能得到并强化这些品质。培养这些品质就像培养所谓的"智力"一样重要。

要想吸引而不是烦扰别人,就必须培养心智,必须远离自私和冷漠,展示对他人的友好兴趣。如果不受人欢迎,那很可能是由于自私,而不是源于任何其他原因。

应该当个出色的听众,不要总想着将谈话引向自己一方(谈一些你关心的事),尽量让别人对你感兴趣,谈一些令他们感兴趣的事。这样便能很快摧毁这座不受人欢迎的堡垒。从此,别人也会对你怀有你对他们同样的兴趣。

左右逢源的人对什么都关心,这是受人青睐的秘诀。威廉·迪安·豪威尔斯告诉我们:"霍姆斯博士之所以令所有人为之倾倒,这就是一条最重要的秘诀。"

有些人想当然地认为,由于上天没有赋予自己形体美和外表美,所以自己永远不会吸引别人。然而,这种想法又有多少经过验证呢?正是外向的品质点缀了个性,吸引着朋友。在谈到历史学家弗朗西斯·帕克曼(美国历史学家——译者注)时,豪威尔斯在《文学界的朋友与熟人》一文中说:"我想,所有接近他的人,无不带着几分爱恋。对我来说,他有最成功的个性,这在他坚毅而优雅的脸上体现出来,连那轻轻的一瞥都惹人怜爱。我每次见到的他,总免不了多说几句他同伴的好话,因为无论我心中有哪些最善意、最新颖的想法,他几乎每次都能就此说点儿什么。"

如果你真有一颗宽宏博大的心,如果你和蔼亲切、乐善好施,如果你诚恳真挚、乐于助人,就算可能有许多生理缺陷,你仍将得到别人的喜爱。

不要介意那些激怒我们的人、那些唱反调的人。我们也不会被那些始终纠正、指责并总想纠正我们过错的人所吸引。生性好斗、攻击性强或傲慢专横的人,拥有盛气凌人性格的人,以及心胸狭隘、气量狭窄、苛刻无情的人,永远都具备不了取悦人或惹人爱的品性。我们对这种人唯恐避之不及。

将自己的个性培养到极致,使自己像别人那样有吸引力,使自己尽可做人的道理，就在于不妨害他人的权利，自由自在地运用自己的身体。

——［日］福泽渝吉

能引人关注、有影响力，这是每个人的责任。许多人为此非常努力，但他们与人友好相处的意图显然太勉强、太呆板、太缺少热情，以至于本想招人喜欢，却总是吃力不讨好。他们本想和气待人，却不知道怎样才能体现和气。他们既不善于倾听，也不善于说话，那冷淡、矜持的举止总让他们与别人保持一定距离。

如果想招人喜欢，就必须学着成为出色的交际家。你必须在生活中发挥人为因素，以一种诚心诚意、情不自禁的方式体现友善、缔造友谊，不能仅遵循某个机械的公式吸引别人。你必须在自己的努力中添加一点儿兴趣、一种真爱和人性，而且要在行为举止中体现出来。

你和陌生人握手要至真至诚。抓住他的手，就像因为见到他的亲人而高兴一样；看着他的脸，给一个发自内心的微笑。让诚恳和亲切在脸上荡漾，让兴奋之情在脸上洋溢。要毫不吝啬地欢迎陌生人，让他觉得你由于见到他而由衷地高兴。你会发现他身上有某种吸引你的东西。每个人身上的确都有某种吸引别人的东西。

在孩子身上培养某种无法抗拒的行为魅力和个性魅力，是一件多么美妙的事啊！许多失意者如果在儿时便培养了诚恳、友善的潜在本性，具备了使人愉悦的力量，同时还有一颗无私和体贴他人的心，那么，他们后来的生活就会和之前有天壤之别！

当想到亲切、可爱的性格的惊人价值时，想到培养这种性格是多么容易时，我们似乎愿意倾尽所能，使自己的孩子拥有这种无价之宝。与此相反，我们培养了孩子的能力，但很少培育孩子的教养。寡言、胆小、郁闷的孩子长大后也寡言、胆小、郁闷。父母似乎认为他天生如此，认为他骨子里已经有了这种性格，无论如何都无法改变。这真是个天大的错误。经过适当磨炼，任何孩子的秉性都能发生巨大变化。孩子是令人难以置信的模仿者。

“耐心、亲切、慷慨、谦逊、殷勤、无私、好脾气、厚道、诚挚——这些品质组成了一流的才华，这是一个完人的思想境界。”亨利·德拉蒙说。难道对我们每一个人来说（无论老少），没有可能培养这些品质吗？

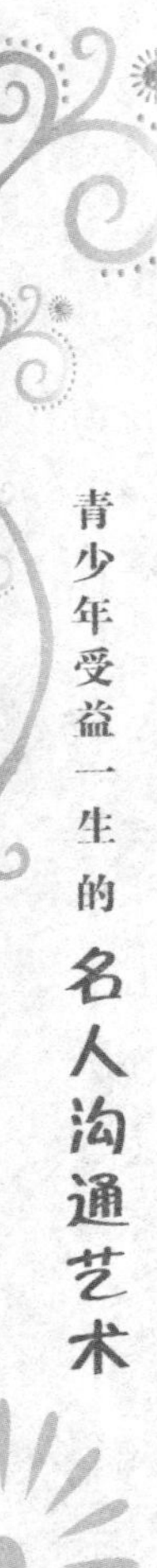

多余的最后一句话

□ 刘仪伟

刘仪伟 1969年生，四川成都人。电视节目主持人。1990年开始先后从事流行音乐创作，参与企划组建“中央电视台电影频道”，任“美国PPI影视广告公司”创意总监，拍摄电影《小说》。1999年主持中央电视台《天天饮食》节目；2002年入主上海东方卫视《东方夜谭》。编剧有电影作品《爱情呼叫转移》、《命运呼叫转移》。

我有一个发现，当人们发生冲突的时候，其根本原因并不在于各自主要都说了些什么。原因是什么呢？我发现是大家在说完想要说的话之后，说的最后的那句话。一旦加上了这句话，交谈就变成了吵嘴。这句话的内容往往和大家要说的事情毫不相干，完全是“多余的最后一句话”。举个例子吧。

我那天坐公共汽车去办事儿，一个年轻人，干干瘦瘦的，戴个眼镜，身旁有几个大包，一看就知道是刚从外地来的。他靠在售票员旁边，手里拿着一个地图在认真研究着。估计是有点儿迷路了，他犹豫了半天，很不好意思地问售票员：“去嘉年华应该在哪儿下车啊？”售票员抬头看了一眼外地小伙儿说：“你坐错方向了，应该到对面往回坐。”要说这些话也没什么，坐错了小伙儿下站下车到马路对面坐回去呗，但是售票员可没说完，她该诚实是力量的一种象征，它显示着一个人的高度自重和内心的安全感与尊严感。

——[美]艾琳·卡瑟

说那“多余的最后一句话”了：“拿着地图都看不明白，还看什么劲儿啊！”

外地小伙儿可是个有涵养的人，他嘿嘿笑了一笑，把地图收起来，准备下一站下车换乘去。旁边有个大爷可听不下去了，对外地小伙儿说：“你不用往回坐，再往前坐四站换××也能到。”要是他说到这儿也就完了，那还真不错。可大爷哪儿能就这么打住呢，他一定要把那“多余的最后一句话”说完：“现在的年轻人哪，没一个有教养的！”

车上年轻人好多呢，这句话打击面太大了吧！站在大爷旁边的一位小姐就忍不住了：“大爷，不能说年轻人都没教养吧，没教养的毕竟是少数嘛。您这么一说我们都成什么了?”这位小姐穿得挺时髦，两根细带子吊个小背心儿，脸上化着鲜艳的浓妆，头发染成火红色。可您瞧人这话，不像没教养的人吧，跟大爷还“您、您”的。可谁叫她也忍不住非要说那“多余的最后一句话”呢：“就像您这样上了年纪看着挺慈祥的，一肚子坏水儿的多了去了！”

这时一个中年的大姐说了：“你这个女孩子怎么能这么跟老人讲话呢，要有点儿礼貌嘛。你对你父母也这么说话吗?”要说这事儿就这么结了也就算了，大家说到这儿也就完了，该干吗干吗去。可不要忘了，大姐的“多余的最后一句话”还没说呢：“瞧你那样，估计你父母也管不了你，打扮得跟坐台的似的！”

后面的事儿大家就可想而知了，简单地说，出人命的可能都有。这么吵着闹着车可就到站了。车门一开，售票员说：“都别吵了，该下车的赶快下车吧，别把自己正事儿给耽误了。”当然，她没忘了把“多余的最后一句话”说出来：“要吵统统都给我下车吵去，不下去我车可不走了啊！烦不烦啊！”

这一下整个车厢可叫炸了窝了，骂售票员的，骂外地小伙儿的，骂时髦小姐的，骂中年大姐的，骂天气的，骂自个儿孩子的，真是人声鼎沸，别提多热闹了！那个外地小伙儿一直没有说话，估计他实在受不了了，他大叫一声：“大家都别吵了！都是我的错，我自个儿没看好地图，让大家都跟着生一肚子气！大家就算给我个面子，都别吵了行吗?”他这么说，车上的人都不好意思再吵了，声音很快平息下来，可外地小伙儿的“多余的最后一句话”还没说呢：“早知道上海人都是这么一群不讲理的呆瓜，我还不如不来呢！”

想知道事情最后的结果吗?我那天的事情没有办成。我先到派出所录了口供,然后到医院外科把头上的伤给处理了一下。我头上的伤是在混战中被售票员用票匣子给砸的。你们可别认为我参与了打架，我是去劝来着。我呼吁让他们都冷静一点儿,有话好好说,又没什么大事儿,没什么必要非打个头破血流的。

我的“多余的最后一句话”是这么说的:“不就是售票员说话不得体吗?你们就当她是个白痴,和她计较什么！”

克服妒忌

□叶　辛

叶辛　1949年生于上海。当代作家。1977年发表处女作《高高的苗岭》。代表作有长篇小说《蹉跎岁月》、《家教》、《孽债》等。由其本人改编的电视连续剧《蹉跎岁月》、《家教》、《孽债》等播出后,曾在国内引起轰动。

妒忌,有人说是本能,有人说是生活中的敌人,有人说是一种恶念,也有人说它是庸人的专利。不管人们怎么议论它,它都是普遍存在于我们生活中的一种现象,是人与人交往中时常会感觉到的一种可怕的情绪。正因为这一现象的普遍,人们都可能感受到妒忌的或重或轻或可笑的伤害,世人对妒忌,心有余悸。

与你共享　千万不能被任何事情冲昏头脑，遇事要小心提防，特别要提防最讨人欢心的事。

——[法]巴尔扎克

报上刊登了一则新闻：一个学习成绩优异的女孩，偷拆了同寝室学友的一封来自海外某名牌大学的信，里面是该大学的录取通知书，女孩顿生妒忌。于是把信藏了起来，致使自己的同学未能及时到海外的名牌大学注册报到。幸好海外的名牌大学再次补寄了录取通知书，当事人又及时收取了邮件，才没有误事。但事情很快被揭穿了，女孩受到了严厉的批评教育。细究原因，那个女孩纯粹是因为妒忌，才做出了伤害学友的不理智行为。

有学者做过妒忌心理的研究，有人呼吁要建立消除妒忌的社会，更有人结合建设和谐社会的大局，称妒忌既害别人，到头来也会害了自己。《三国演义》中的周瑜，是因为妒忌诸葛亮的才华，吐血而死的。曹操是因为妒忌杨修，一怒之下杀死自己的谋士的。著名的莎士比亚剧作《奥赛罗》，是以妒忌作为主题的。纵观中外历史和文学史，就会看到，在爱情和死亡的主题之外，妒忌几乎也是紧随其后的永恒主题。

人生活在社会上，生活在或大或小的集体环境中，总会自觉不自觉地与他人进行比较，比较帅气，比较聪明程度，比较容貌，比较穿戴，甚至比较家境，比较父母……有比较就会有差别，有优劣，有高下之分，妒忌在不知不觉之中油然而生，且不说社会本身又存在着举目可见的差别，贫富的悬殊，地位的高低，生活条件的好坏，住房的大小，豪华奢侈的排场和简陋寒碜的陈设等。差别愈是巨大，招致妒忌的可能性也就越大，其产生的反感情绪也就愈强烈。由于妒忌，人会幸灾乐祸，会有怨恨情绪，会恼羞成怒和报复。那么，一个理性的人，一个高尚的人，就应该控制自己的妒忌，须知你的这一心理本身就十分褊(biǎn)狭，来得莫名其妙。

及时地控制自己的妒忌，和睦地与身边各种性格的伙伴相处，礼貌待人，乐于助人，为朋友和同学取得的每一项进步和成绩高兴，这是培养高尚情操和良好美德的基础，也是克服妒忌心理的良药。现代医学证实，人的健康因素中，心理的健康比起营养、环境，甚至遗传都来得更为重要。世上没有一个妒忌心强的人是长寿的。这仿佛也从侧面证实了，周瑜年纪轻轻为什么会被活活气死。

既然我们每一个人生下来都不可能独处，既然我们一辈子都要和各种各样的人打交道，那么，就让我们宽容大度地对待人生旅程中的所有伙伴。

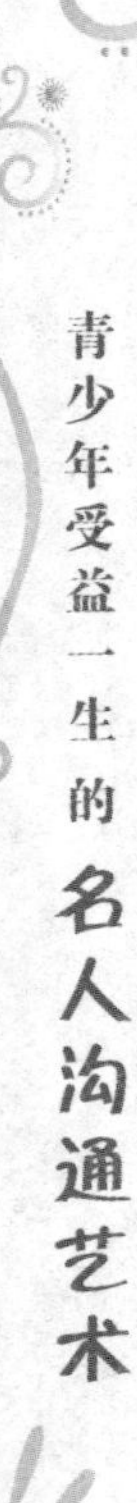

谈 合 作

□ 梁漱溟

梁漱溟(1893~1988) 原名焕鼎,字寿铭,广西桂林人。著名哲学家、教育家,现代新儒家的早期代表人物之一。1921 年出版《东西文化及其哲学》一书,成为现代新儒学的先驱。《人心与人生》和《中国——理性之国》是他晚年的两部重要著作。

普通之所谓合作，大概都是指着在经济上的事情，这是狭义的合作。这话不必说。现在说广义的合作。

有一位朋友说:"小合作有小成就,大合作有大成就,不合作就毫无成就。"此意甚的。这不独是说到经济方面,即是说到了人生的道理、社会的道理,亦无一不是这样。大概从现在往前去——往将来去,人类的社会关系,将慢慢地越来越复杂,大家都必须在相互关系中生活;你想自顾自,与人分离而能独立生活,实在没有这回事。在事实上催逼着你非趋向于合作不可。若是各顾自己,则不唯自己不能生活,而社会的整个关系,都将不能维持。所以必须在合作的根本上注意一下。

怎样才能合作呢?在这里有一句顶要紧的话是:"气要稳,心要通。"怎样才能把气稳得住?就是要注意当下,在眼前问题上事情上下工夫;不能这样就是气不稳。如听我讲演,眼向外看就是气不能稳。再说心通,不独自己要通，尤要与人家的心相通；不与人家的心相通，则无由合作。气稳才能作，“作”字有了；心通——情谊通，这就是“合”字有了。

“心通——情谊相通”这句话，说容易很容易，说不容易也很不容易。别看两人在一起做事情，表面固然没有什么，但如果都是勉强对付，这样，事情就绝对不能做得好。所以情谊相通，为合作之根本。

但情谊又如何相通呢？这话不能从片面着想，必须从两方面来说：一面是自己，一面是人家。在自己一面必须常体会对方的心理、意思、情形才行。彼此必须互以对方为重，不能专替自己方面着想。如果你老是为自己打算，为自己着想，将人家的心理、意思，都放置而不顾，这个绝对不行。所以你必须先替人家着想。能替人家着想，就没有不通。通就能做，做更能通，越做越通，大家心情都顺了，就一切事没有不能做的。情谊不通的结果，就是彼此互相顶着闹别扭，你干他不干，他不干你也许更不干，这样就会越弄越糟。

以上这个道理，不独居家过日子是如此，师生之间是如此，政府中人是如此，整个社会中人又何莫不然？人生是到处离不开人，到处必须与人相关系在一起生活过日子。既在一起生活，就应该“共谋一种好的生活”。所以大家必须记住：“合作的根本，即在情谊相通，情谊相通，必彼此互以对方为重；唯有情谊才可促进人类的好生活。”将这话牢牢地记住，小心提防。此道理虽甚粗浅，然实为到处有用而终生讲求不尽的道理。情谊相通真是谈何容易啊！

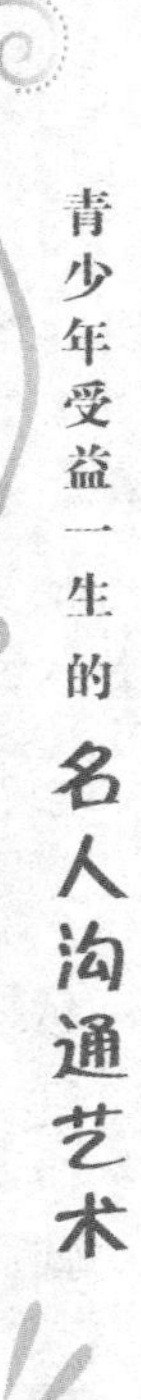

言谈不可有不良动机

□ [古罗马] 爱比克泰德

爱比克泰德(约 55~约 138) 古罗马最著名的斯多葛学派哲学家。他早先是一名希腊奴隶。其思想的核心是追求一种朴实、自然的人生态度。其弟子阿利安编有《爱比克泰德语录》和《爱比克泰德手册》。

人们是如此关心自己的行为及其影响的道德重要性。与此同时,那些寻求高尚地度过一生的人也认识到我们话语常为人忽视的道德力量。精神生活最彰显的标志之一是言辞得当。力求言辞完美是修得真身的基本要素之一。

首要的是,说话前要考虑好,你说话时的动机是高尚的。巧舌如簧不会赢得他人敬重。大谈特谈自己的事是不自重的。如此多的人不管有什么感觉、想法、印象都觉得有责任说三道四。他们随随便便,有啥说啥,全不考虑后果。这无论在实际上还是道义上都是危险的。如果我们无论产生什么念头——不管是大是小——都浅尝辄止,就会轻易地随波逐流、漫不经心地谈论确有价值的想法,从而把时间白白地浪费掉。不加限制的言谈如同失去控制的车辆狂奔乱撞,注定会翻车掉进沟里。

必要时要多保持沉默少说话。言谈本身既非善亦非恶,人们使用时却往往粗心大意,因此你需要保持警惕。轻率的言谈是有害的言谈;再者,喋喋不休也是不得体的。

要参与社交场合或职场上需要的讨论,但要小心谨慎使讨论的宗旨、

向随便什么人征求意见，叙述自己的痛苦，这会是一种幸福，可以跟穿越炎热沙漠的不幸者，从天上接到一滴凉水时的幸福相比。

——[法]司汤达

深入程度与内容都保持恰当。闲聊引人驻足，要避而远之。

不必把自己始终局限在孤高的话题或哲理上，但要意识到把絮絮叨叨当正题对你更高层次的追求具有腐蚀性影响。尽瞎扯琐事，自己就会变得琐屑，因为注意力都被种种琐事占据。倾注于何物，就会成为何物。

专事谈论他人，会使人变得心胸狭窄。尤应避免责怪、颂扬或攀比他人。如果发现周围人的交谈越来越糟糕，要尽你所能巧加引导，使大家回到建设性话题。但是，如果发现自己置身于差劲的陌生人之中，你可以干脆保持沉默。

要幽默而且格调要高，同时充分享受健康、宜人的笑料带来的欢乐，但要避开那种酒吧间里充斥的流于粗鄙乃至丑恶的无节制搞笑。要因逗而笑，绝不要讥笑。

说说而已的允诺尽量别作。